葛维汉在华西

［美］葛维汉　著　　　卞思梅　彭文斌　译

天地出版社 | TIANDI PRESS

图书在版编目（CIP）数据

葛维汉在华西 /［美］葛维汉著；卞思梅，彭文斌译. —成都：天地出版社，2022.6
（"华西坝文化"丛书. 第二辑）
ISBN 978-7-5455-6705-2

Ⅰ.①葛… Ⅱ.①葛…②卞…③彭… Ⅲ.①葛维汉－自传 Ⅳ.①K837.125.1

中国版本图书馆CIP数据核字（2021）第235115号

GEWEIHAN ZAI HUAXI

葛维汉在华西

出 品 人	杨　政
策　　划	漆秋香
作　　者	［美］葛维汉　著　　卞思梅　彭文斌　译
封面供图	四川大学档案馆
内文供图	［美］胡可思
责任编辑	李明慧　王　荻　蔡龙英
责任校对	张思秋
封面设计	今亮后声
电脑制作	跨　克
责任印制	白　雪

出版发行	天地出版社 （成都市锦江区三色路238号　邮政编码：610023） （北京市方庄芳群园3区3号　邮政编码：100078）
网　　址	http://www.tiandiph.com
电子邮箱	tianditg@163.com
经　　销	新华文轩出版传媒股份有限公司

印　　刷	成都勤德印务有限公司
版　　次	2022年6月第1版
印　　次	2022年6月第1次印刷
开　　本	700mm×1000mm　1/16
印　　张	14.25
字　　数	228千字
定　　价	56.00元
书　　号	ISBN 978-7-5455-6705-2

版权所有◆违者必究

咨询电话：（028）86361282（总编室）
购书热线：（010）67693207（营销中心）

本版图书凡印刷、装订错误，可及时向我社营销中心调换

代 序

在美国，我的外祖父葛维汉（David Crockett Graham，1884—1961）并不像他在中国四川那样为人所知。虽然他在家里备受尊敬，但儿时的我并不理解其中的缘由。于我而言，他是一位和蔼、慈祥的外公；他是圣诞节那天清晨在圣诞树下分发礼物的圣诞老人；他是伊索，为我讲述他在中国的精彩故事；他是个实干的工匠，教我如何用石砂轮磨尖铁铲，而不使铁过热或软化；他是一位地质学家，在科罗拉多州落基山脉徒步时捡起一块石头，告诉我如何识别它为花岗岩；他是一位牧师，给我讲基督教的积极价值观。他教导我尊重他人，不论他们的种族或信

人类学家、考古学家、博物学家葛维汉
（摄于1940年）

仰。在我出生前一年，他就住在离我父母很近的科罗拉多州的恩格尔伍德。我11岁时，他永远地离开了我们。

在我年轻时，我母亲海丽特与她的姐妹们在恩格尔伍德组织了一次家庭聚会。大姨玛格丽特从亚利桑那州的图森赶来，四姨桃乐西从纽约州的沃特敦过来，我母亲和二姨鲁思、五姨珍都住在恩格尔伍德。我的许多表兄妹以及他们的孩子都参加了此次聚会，葛维汉和葛慕义的子孙三代齐聚一堂。正是在这里，听着那些关于外祖父的回忆和故事，我开始以更开阔的视野来看待他，将他视为一位做了许多事情、写了许多文章和著作的传教士与科学家。但当时我仍不太了解他是谁。熊猫才是这次聚会的主题。

当我开始对外祖父有更深入的了解时，我也已经当了爷爷。我曾经试图在互联网上查找与他相关的资料，但结果令我失望，连维基百科上都没有关于他的页面。于是我决定为他写一个百科页面。当时我以为这是一个简单的任务，可能花一两个月就能完成。我开始认真研究起来，可挖掘越深，发现就越多。网上的报刊档案是一座金矿，在学术图书馆搜索到的期刊数据也十分有用；谷歌带我穿过互联网上所有错综复杂的小巷。有一段时间，我连续几个月每周都能发现令人惊讶的新信息。例如，外祖母葛慕义在给纽约《费尔波特》报纸编辑的一封信中，描述了中国护国战争中云南人进军四川的事情，以及葛维汉为促成和平所做的努力；一个学术网页上关于刚刚发现的被葛维汉遗留在华西协合大学（今四川大学医学中心）博物馆地下室的《华西边疆研究学会杂志》档案的树形图；引用他著作的学术文章；80多年后，在他为美国史密森尼学会（Smithsonian Institution）搜集的物种中又发现了新物种；还有论述他著作的学者们，等等。两年后，我才终于将自己所写的东西发布到维基百科上，而那还不够完整。我需要辅助材料来佐证我写的内容，以便他人可以复核我写的东西。但这些资料很多都不在网上，我必须去遥远的图书馆和档案馆查阅。我终于理解了我母亲的姐妹们想写外祖父的传记但从未成功的原因。她们不会使用互联网，所有的相关工作都必须亲自去完成。

令人难以置信的是，2019年我得到了一个探访中国四川，追寻外祖父足迹的机会。在那里，我见到了与外祖父相识的人。四川人民的热情、持续的对外祖父的认知，以及许多学者对他在中国的生活和工作的了解都令我感动。虽然不会读或说中文对我来说是个障碍，但许多中国人都能说流利的英语并且愿意帮助我理解那些地方、事件及其他人的讲话内容。这次旅行的价值和我从中学到的东西是不可估量的。看到三星堆和那不起眼的灌渠，这一切都为我阅读外祖父的论文《汉州发掘简报》（汉州为今四川广汉）提供了知识和图像支持。看到大山中的羌寨，也让我更深入地理解了外祖父在那里的工作。见到葛维汉私人图书馆女管理员及其儿子，听了他们的故事，如同在时空中穿梭旅行一般。在宜宾珙县王武寨的小学，我见到了外祖父的茶壶和野营炉，让我想见了他的旅途。这次旅行中重要的地方和人物还有很多，以至于我在此短小的篇幅中不能一一提及，但我非常珍视对他们的回忆。

我逐渐意识到，我的外祖父是这样一个人：他用一生的时间完成了大多数人需要几辈子才能完成的事情，但他能做到这点也得益于许多人的帮助。首先是他背后的妻子葛慕义，她受过大学教育，聪明、有爱心、工作勤奋。她支持他，料理家务，为重要的客人安排各种活动，并且在他的写作和博物馆工作上帮助他。因为拥有稳定的收入和财务支持，葛维汉能够为他的很多工作雇用一个近乎"团队"的中国帮手。虽然他依赖普通劳动者，但他也非常善于发现潜在的人才，并且善于培训和安排他们的工作。例如，他在为史密森尼学会收集动物标本时，就培训并安排四川苗人杨曾方去收集标本。他在考古方面的工作也不例外：指导林名均，并与其一起进行汉州的考古挖掘。翻阅他的论文和书籍，我们会发现一个接一个这样的例子。对他而言，重要的是工作必须完成，而不是必须亲自完成。他会花足够的时间培训、指导或安排别人去承担一项任务，在确保任务能被顺利完成后，又开始另一项任务。通过这种方式，他对项目起到监督和协调作用，然后让它们有序运转。他还与他人合作，扩大可能性的范围。例如，他对川苗音乐独特性的认识。他将那些别人认为最好的乐师带回成都并说服华西协合大学的刘延龄（Robert Gordon Agnew）博士研究他们的音乐，其结果是发表了已知的第一篇研究川苗音乐的文章。

1945年，华盛顿州惠特曼学院的彭罗斯博士在给葛秀云（即玛格丽特）的一封信中，如此评价葛维汉：

> 随着岁月的流逝，我惊讶地看着（葛维汉）逐渐声名显赫……他的非凡成就，以及科学界对他的认可。……我从未怀疑过这个质朴的（带着他可爱的单纯和谦逊的）乡下男孩体内有让他跳得如此高远的力量，若我在他走向辉煌事业的过程中提供过任何帮助，我都感到无比自豪。惠特曼学院将他视为最杰出的校友之一。

对于一个出身平凡的人来说，这是一个恰当的描述。他尊重他人，并将他人聚在一起，以完成他一生的诸多工作。而且，在彭罗斯博士写这封信时，葛维汉的一些最重要的著作还未面世。他在退休后撰写并出版了《川苗的歌谣和故事》《羌人的习俗与宗教》《中国西南的民间宗教》三本书。他的最后一份手稿《更多川苗的歌谣和故事》也终于在2018年得以出版。现在，他的《葛维汉在华西》即将面世。我想若彭罗斯博士泉下有知，也一定会十分自豪。

葛维汉的外孙

胡可思（Chris Hoogendyk）

于美国马萨诸塞州阿默斯特

译者序

葛维汉（David Crockett Graham）在中国并不算一位知名学者，许多人对他的认知浅止于他是"三星堆考古第一人"。那葛维汉到底是何许人也？他是一位美国人，于1911年受美国浸礼会的派遣，来到中国。在他77年的人生中，有近一半的时间（1911—1948）在中国度过。他是各种"学家"，如人类学家、民族学家、考古学家、博物学家，等等。他一生中留下了大量关于四川历史文化的文章、档案、日记和影像。或许，我们曾在四川广汉三星堆博物馆见过他主持考古挖掘时的照片，在某些书中或网站上见过他拍摄的四川老照片，在博物馆里见过他搜集的藏品，在旅行中无意间去过他研究过的羌寨或苗寨，最不济也一定闻到过由他播种在四川宜宾并逐渐扩散到整个四川的洋槐的清香……只是，历史的尘埃将他掩埋。在四川，他似乎无处不在，又似乎悄无声息。能记得他的，追寻他的，会有谁呢？

印象中，第一位公开"寻找"葛维汉的是历史学家、成都学者王笛。王笛曾在四川大学读书和工作，后赴美攻读历史学博士学位。他在《街头文化——成都公共空间、下层民众与地方政治，1870—1930》序言中，讲述了他为求得葛维汉博士论文中三张照片的版权而费尽周折在美国追踪葛维汉后人的故事。结果王笛发现，葛维汉居然在他的母校工作过近20年。王笛还发现了葛维汉的"近30种其他作品，有的是已印行的，有的是存于博物馆的手稿，有的发表在杂志上，大多与四川有关，内容涉及大众宗教、风俗、民歌、方言、考古、少数民族等。而且有若干发表在具有很高声望的史密森尼学会的会刊上"。王笛这才意识到："我所寻找的这个大卫·格拉汉姆（葛维汉）是一位非凡的学者，其兴趣和知识是如此的广泛，而且是如此的多产。令人惭愧的是，我作为一位专门研究四川的学者，对他竟然一无所知。同时也为这样一位对四川宗教文化研究有重要贡献的美国人及著作被默默无闻地埋没而深感遗憾！"①身在美国的王笛对葛维汉的寻找虽然充满曲折，但揭开了一段尘封的历史。

葛维汉是我们认识近现代四川最早，也最重要的"他者"之一。事实上，早在1973年，四川省文物管理委员会（四川省文物考古研究所）即组织学人翻译了葛维汉在四川考古方面的著作并内部印行。此后，四川省民族研究所又组织学人翻译并内部印行了葛维汉关于四川民族学方面的代表作。2004年，由李绍明和周蜀蓉研究员选编并出版的《葛维汉民族学考古学论著》②，终于将沉寂已久的葛维汉带入公众视野。此书的出版与李绍明对华西人类学历史发展的关注紧密相连。美国华盛顿大学的郝瑞（Stevan Harrell）教授曾直言不讳地说，尽管中国有较为悠久的民族志传统，但在20世纪30年代以前，人类学和民族学在中国谈不上有何发展。③但李绍明却

---

① 王笛著，李德英等译.街头文化——成都公共空间、下层民众与地方政治，1870—1930[M].北京：中国人民大学出版社，2006，第11-17页.
② 李绍明、周蜀蓉选编.葛维汉民族学考古学论著[C].成都：巴蜀书社，2004，第3页.
③ 郝瑞著，范可译，郝瑞校.中国人类学叙事的复苏与进步[J].广西民族学院学报（哲学社会科学版），2002（04）：74-86.

指出，郝瑞的说法虽有其合理之处，但他却忽略了外籍学者在华的学术贡献。改革开放后，随着相关学科的恢复和发展，一些学者对早期人类学、民族学在中国的发展做了研究，但多停留在"南派"和"北派"之说。也有一些学者认为中国早期的人类学是多中心的①，而华西坝便被认为是当时中国人类学的中心之一。②在对学科历史的考察中，李绍明认为在20世纪上半叶，中国人类学还存在一个由中外学者一起推动的，具有国际性的"人类学华西学派"，而其早期领军人物和奠基人便是葛维汉。③王铭铭教授也在2005年指出，成都曾出现"边疆史地研究"与社会学关怀的结合，综合性较强，具有"大人类学"的观念，也有"社会人类学"的观念。④他所指的便是这段时期的学科状态。李绍明于2007年发表了《略论中国人类学的华西学派》⑤一文，激发了越来越多的学人对葛维汉和"华西学派"的关注。

我与葛维汉的结缘也肇始于这段历史。我的硕士导师王铭铭教授对"华西学派"也很感兴趣。2011年，在他的指导下，我完成了以葛维汉的"羌民研究"为主题的硕士论文。2014年，我在挪威攻读人类学博士学位期间，葛维汉的外孙胡可思联系上我，问我是不是《论葛维汉的羌民研究》的作者。我有些吃惊，那时距离我硕士毕业已经3年多了，而我因转入博士项目，对葛维汉的研究早已尘封。胡可思的出现让我感到自己突然和历史人物产生了某种奇妙的交集。我将此消息告诉彭文斌教授，他提到我

---

① 江应樑.江应樑民族研究文集[C].北京：民族出版社，1992，第478页.
② 王建民.中国民族学史上卷（1903—1949）[M].昆明：云南教育出版社，1997，第218页.
③ 李绍明口述，伍婷婷等记录整理.变革社会中的人生与学术[M].北京：世界图书出版公司，2009.
④ 王铭铭.二十五年来中国的人类学研究：成就与问题[J].江西社会学，2005（12）.
⑤ 李绍明.略论中国人类学的华西学派[J].广西民族研究，2007（3）.

们应该继续研究葛维汉，并争取一下葛维汉自传的翻译权。我向胡可思表达了此愿。不久后，在郝瑞教授的建议下，葛维汉的三女儿，也就是胡可思的母亲海丽特在2014年9月授权彭文斌教授与我翻译葛维汉自传。海丽特当时已95岁，但还能熟练背诵带宜宾口音的四川话童谣。遗憾的是，她于次年便去世了。自此，自传翻译任务就落到我和彭文斌教授身上。彭文斌教授负责翻译葛维汉来中国前在美国生活部分，而我则负责剩余部分。由于我当时在跟进博士项目，所以翻译进度缓慢。直至2016年夏，刚完成博士论文初稿的我趁着在德国科隆大学访学之机，集中时间翻译完了这本自传，但由于各种原因本书未能及时出版。

机缘巧合，2019年3月，葛维汉的外孙胡可思及其曾外孙女乔安娜经华西校友彭远波、伍波和其他校友的协调，在四川大学华西医学中心和四川大学博物馆邀请下，从美国抵达成都，开启了为期三周的"追寻葛维汉足迹"之旅。当时我已在四川大学工作一年有余，有幸参与其中。四川大学博物馆召开了"葛维汉在华西"学术研讨会，追忆了葛维汉博士的生平和研究，参会的有四川大学博物馆"葛维汉图书馆"的负责人姚向阳，以及霍巍、周蜀蓉、彭文斌、耿静、吴达民[①]等学者和研究者。之后，在伍波、彭文斌、吴达民、彭杰等人的陪同下，胡可思和乔安娜参观了葛维汉生前生活和工作过的地方，包括葛维汉图书馆、四川大学博物馆、三星堆博物馆等，之后又从葛维汉研究过的川西北理县、汶川和茂县的城镇和羌寨，一路到乐山，又到宜宾李庄、珙县、兴文等地参观访问，拜访葛维汉创办

---

① 吴达民主要研究了另一位传教士学者陶然士（Thomas Torrance，1871—1959），他组织人翻译并出版了陶然士的著作，且在四川大学博物馆举办过"陶然士与川西：百年老照片"的展出。陶然士是近现代第一位研究羌民的外国学者，与葛维汉关系甚密，在葛维汉数次羌区之行中提供过很多帮助。吴达民对葛维汉和陶然士充满了研究兴趣。

的王武寨小学，最后到重庆，再返回成都。时年69岁的胡可思，追随着外祖父的足迹，见到了许多儿时在故事里听到的地方和人群。此事之后，通过华西坝文化研究者戚亚男的牵线，葛维汉自传的出版事宜也提上了日程。

我们一群人不约而同地从各方面"寻找"葛维汉。王笛是个人的、实用的寻找，李绍明和王铭铭是学术史方面的追寻，参会和研究葛维汉的人是文本的、现实经历的寻找，华西校友是怀念老师和母校性质的寻找，而胡可思与乔安娜则是对祖先事迹和情感的寻找……尽管目的和方法不同，但我们都展开了对葛维汉的"追寻"。一切的一切，纵横交错，慢慢发酵，终于在今天，我们有机会读到这本《葛维汉在华西》。这本自传性的作品与学术作品不同，多了许多鲜活的故事，也保留了更多个人的情感，让我们能在娓娓道来之中体验葛维汉的人生，也帮助我们从人生史的角度理解当时的社会场景和知识背景。当然，也因为葛维汉所受到的学术训练，他在作品中采用了客观描述而少评论的方法①。由于作品写于葛维汉从中国退休回美国后，某些内容年代间隔较久，难免存在事件、时间和人物记述上的模糊、啰唆和一定的随意性。我们尊重葛维汉的叙述风格并在需要处加上了括注和页下注，以及保留了部分外国人的英文名，方便读者阅读。

在品读《葛维汉在华西》前，我将从学术史视角对这位对中国和世界学术做出过重要贡献的非凡学者进行简要评述，以期对其人生经历、学术研究进行补充，也帮助读者更全面地认识葛维汉和他的故事。

---

① 苏珊·R.布朗是较早对葛维汉进行梳理和评述的美国学者，此观点来自她。具体参见：苏珊·R.布朗著，饶锦译，李绍明审校.在中国的文化人类学家——大卫·克罗克特·葛维汉.收录于李绍明、周蜀蓉选编.葛维汉民族学考古学论著[C].成都：巴蜀书社，2004，第212-264页。

葛维汉于1884年生于美国阿肯色州的格林弗里斯特，他是家里九个孩子中幸存的两男两女之一。葛维汉4岁时，母亲就因肺病去世，之后随家人搬到华盛顿州的沃拉沃拉。葛维汉的童年在麦田、森林和铁道旁度过。1899年，葛维汉进入沃拉沃拉的惠特曼学院预科学习，1903年进入惠特曼学院学习哲学，1908年获得哲学学士学位。此后，他又进入纽约州的罗切斯特神学院学习神学，于1911年获得神学学士学位。毕业当年，葛维汉被美国浸礼会任命为牧师，之后被派往中国传教。在出发去中国的前一年，即1910年，葛维汉和阿丽西亚·慕羲（Alicia Morey）结婚。

1911年至1932年是葛维汉学术的初成阶段。葛维汉虽以传教士身份进入中国，但在传教途中逐渐对华西的动植物、汉人和少数民族的宗教和文化产生了兴趣。在这21年内，他在叙府（今宜宾）工作了约14年，期间三次返回美国，陆续花了5年时间在芝加哥大学和哈佛大学研习宗教学、人类学、民族学和考古学知识，这使得他的研究在当时具有科学性和前沿性。葛维汉夫妇于1911年9月从美国洛杉矶出发，途中恰逢辛亥革命爆发，于是暂留上海学习了两年汉语和中国文化，直至1913年4月才得以辗转到四川叙府。在叙府传教5年后，葛维汉于1918年第一次返美度假，在芝加哥大学神学院学习宗教历史学一年，并以《儒家经典中反映的中国原始宗教》一文获得神学硕士学位。1919年，他返回叙府传教，直至1926年夏天再度返回芝加哥大学，在爱德华·萨丕尔（Edward Spair）的指导下学习宗教心理学，以及在费伊–库珀·柯尔（Fay-Cooper Cole）的课上学习人类学和民族学，最终以《四川省的宗教》一文获得哲学博士学位。1928至1930年，葛维汉在叙府和雅州（今雅安）等地传教并做田野调查。1931年，他第三次返回美国，在芝加哥大学和哈佛大学研修考古学、体质人类学、文化人类学和民族学一年多。此间,葛维汉于1919年受到史密森尼学会长达20年(1919—1939)的夏季旅行资助,该资助用以在华西地区搜集博物学标本。在旅途中,葛维汉对华西的藏民、彝民、川苗、羌民等产生了浓厚兴趣,并搜集他们的手工制品,记录他们的文化。1931年,由于他在博物学方面的突出贡献,惠特曼学院授予他荣誉科学博士学位。

1932年至1948年是葛维汉学术的积累和发展时期,也是他从业余传教士学者逐渐转换为专业学者的关键时期。1932年,哈佛燕京学社委派葛维汉去成都华西协合大学任博物馆馆长(1932—1941),并在该校教授考古学和人类学,直至1948年退休。此间,葛维汉在学术方面做出了重大突破和贡献:在考古方面,葛维汉对古代僰人悬棺进行考古研究,并于1934年3月组织考古队对广汉三星堆遗址进行了首次挖掘,开中国华西考古之先河;在对少数民族的研究中,他前后十余次赴川康少数民族地区进行博物学搜集和人类学考察,发表了大量关于藏民、彝民、川苗和羌民的文章;同时,他与华西的许多外籍传教士学者,如莫尔思(W. R. Morse)、戴谦和(Daniel Sheets)、布礼士(A. J. Brace)、李哲士(S. H. Liljestrand)等人在1922年一起筹备和建立了"华西边疆研究学会",并长期担任该学会执委会成员,历任学会秘书、正副会长、会刊主编,该学会之研究代表了当时华西研究的最高水平;在博物馆方面,葛维汉广泛搜集川西汉人和少数民族的物品,并致力于将华西协合大学博物馆建成为世界上研究华西地区汉人和少数民族的最好的博物馆。1944年,华西协合大学博物馆、华西边疆研究所和学会成立了"葛维汉科学图书室",以表彰其在华西边疆研究上的卓越贡献。

1948年至1961年是葛维汉学术生涯的沉淀阶段。1948年,退休返美后，葛维汉在美国进行了一年的讲学，之后定居在美国科罗拉多州的恩格尔伍德。此间，他根据之前在中国搜集的材料写成了4本著作[①]：《川苗的歌谣和故事》《羌民的习俗和宗教》《中国西南的民间宗教》以及当时完稿但未出版的《更多川苗的歌谣和故事》。1961年9月15日，葛维汉在美国丹佛去世，享年77岁。

葛维汉看似短暂的一生却因为丰富的人生经历而具有深度。他共撰写了6本专著，发表了170多篇论文[②]，其中多数发表在《华西边疆研究学会杂志》《教务杂志》《华西教会新闻》等期刊上。他是英国皇家地理学会、美国文化人类学会、美国民俗学会、美国远东研究所、美国纽约动物学会终身会员。他为史密森尼学会一共送去超过40万件标本，包括9个新种属的代表及250个新物种；其中29个新物种和种属以他的名字命名。他一生中共获得两次古更赫姆奖和一次维京奖。美国人类学家麦克汉（Charles F. McKhann）和阿兰·克斯曼（Alan Waxman）这样评价葛维汉："他是屈指可数的几位科学工作被其他科学家所赞赏的西方传教士之一，更是少有的几位宗教工作被其他传教士深深佩服的科学家之一。"[③]

葛维汉是值得被记住的。

葛维汉是以传教士身份进入中国的，他秉持基督教中的积极观念，通过医疗、教育和慈善帮助过身边的许多人，无论是教会人员还是普通百

---

① 这4本著作分别于1954年、1958年、1961年、2018年在美国出版。
② 参见Hartmut Walravens. *David Crockett Graham (1884—1961) as Zoological Collector and Anthropologist in China*, Opera Sinologica documental, Harrassowitz Verlag, Wiesbaden. 2006. pp. 11-27.
③ Charles F. McKhann and Alan Waxman. "David Crockett Graham: American Missionary and Scientist in Sichuan, 1911—1948", in *Explorers and Scientists in China's Borderlands, 1880—1950*, edited by Denise M. Glover, Stevan Harrell, Charles F. McKhann and Margaret Byrne Swain, Seattle: University of Washington Press. 2011. pp. 180-210.

姓，甚至是战争中的伤兵。他拯救伤残、资助他人、建立学校、为孤儿院和盲人学校募捐，他还收养了10个中国女儿，并资助她们读书。他以善良之心待人，受到许多人的爱戴。书中写到他在最后一次乘船离开中国时，岸边站满了挥舞着手帕为他送行的人，读来令人泪目。他还记录了许多与妻子和女儿们的温暖瞬间，让人觉得他是一位可爱可敬之人。

诚然，葛维汉的人生也无法摆脱历史的局限，他到中国传教，为史密森尼学会搜集标本，与外国同事创立华西边疆研究学会和学会杂志，推动华西协合大学博物馆的发展、教授学生、培养本地助手等，都不可否认地蒙上了一层西方殖民主义之下的"东方主义"①和"科学帝国主义"②面纱。然而，正如亚里克斯·卡明斯（Alex S. Cummings）所言，我们不能简单地将葛维汉归类为一个"东方主义者"，因为我们不应该以东方学者对待东方人的方式用西方的话语来简单归类。③我也认为，认识一个人的最好方式并不是"贴标签"或"刻板印象"，而是在具体的情境中去探索个人的复杂性。葛维汉是一个复杂的综合体，他一方面带着西方帝国主义和东方主义的性质，但又在某些方面呈现出相反的特性。比如，在传教过程中，葛维汉并未将基督教视为世界上最高尚的宗教，而是在多处表示对中国儒教的欣赏和接纳，他的这种看法与当时许多西方传教士及一些求变革破除传统的中国人的理念形成鲜明对比；再如，他还注意到田野调查中的"动态权力"，西方学者并不能完全控制田野调查，他在文章中敬告读

---

① 爱德华·W. 萨义德著，王宇根译. 东方学[M]. 北京：生活·读书·新知三联书店，2007.
② 范发迪著，袁剑译. 清代在华的英国博物学家：科学、帝国与文化遭遇[M]. 北京：中国人民大学出版社，2011.
③ Alex S. Cummings, "Life in the Menagerie: David Crockett Graham and Missionary-Scientists in Sichuan, China, 1911—1948", *American Baptist Quarterly*, 2009.

者，在做调查的时候一定要注意多次检验自己所搜集到的材料，因为很多研究对象可能会为了别的目的而胡诌。类似的例子还有很多，这些特性都使得他不是单纯的东方主义者。

在学术研究方面，如果从今天的学科视角来看，葛维汉是一个具有交叉学科研究经验的学者，他是人类学家、民族学家、考古学家、博物学家，甚至语言学家等。19至20世纪，东西方在相互遭遇时也正是博物学盛行的时期，葛维汉是当之无愧的博物学家。博物学倡导对所见之物进行宏观层面的观察、描述和分类，是一种百科全书式的研究，其内容主要涵盖天文地理、动植物、矿物和生态等。葛维汉一生中有很大一部分的时间都在野外考察，搜集各种动植物，甚至人骨标本，为中美两国的博物馆输送自然物品，并对其进行描述和分类，同时记述华西边疆的地景和人文。葛维汉又受到过人类学、民族学、语言学以及考古学的专业学术训练，深受"美国人类学之父"博厄斯的影响，他的研究呈现出一种大综合的形态。尤其值得一提的是，葛维汉任职华西协合大学博物馆馆长后，其理念对博物馆的发展产生了质的影响。葛维汉将博物馆作为陈列人类学、民俗学、考古学和博物学的场地，将文物搜集与相关学科研究结合，又对外展出藏品，充分发挥博物馆对公众的教育作用。1941年，当中国学者郑德坤从葛维汉手里接过馆长一职后，明确提出要继续将博物馆建成集"研究""教育""收藏"为一体的"中国标准化博物馆"。① 而华西协合大学博物馆在当时已经是华西最具影响力的博物馆了。今日，回望葛维汉等人的综合性研究，看到博物学的"地方性"和所呈现出的世界的多元性和丰富性，其不过分追寻"本质"或尊崇"单一"价值观的特点，都能让我们更具"谦

---

① 周蜀蓉. 发现边疆：华西边疆研究学会研究[M]. 北京：中华书局，2018，第110页.

卑"之心。

从更积极的方面来看，葛维汉为中西交流做出了重要贡献。他将许多中国经典翻译成英文发表，他将华西边疆的"未知之物"送往美国，并将华西边疆介绍给西方世界；同时，他也将西方的物种和知识谱系带到中国，让其在中国生根发芽，影响至今。生活于中西之间，他本人和他的家庭都与中国产生了很深的情谊。葛维汉的大女儿葛秀云在古稀之年于20世纪80年代返回华西，在华西医科大学（今四川大学医学中心）教授英语，在中国度过了其生命中最后几年的部分时光。1987年，葛秀云在美国去世后，遵其遗愿，她的部分骨灰被撒在了宜宾的七星山上，和埋在此处的弟弟永远地留在了中国。

葛维汉所处的时代正是中国学术新旧交替之时，他和与他类似的外国学者的存在为中国西南学术研究奠定了基础，也为当时中国的学术转型提供了方向。华西边疆研究学会中后期也广纳中国学者，郑德坤、李安宅、于式玉、刘承钊、侯宝璋、冯汉骥、闻宥等中国学者都是学会的主要成员。中西学者之间相互浸润，结合特定的历史背景，中国学者也逐渐走出了具有自己特色的学术研究之路。所以，葛维汉还是中西文化交流的重要使者和践行者。

人总是复杂和多面的。我相信，我所书写的评价对葛维汉来讲，也只涉及了他人生的一部分。因为我们接下来还会在书中读到他作为儿子、学生、丈夫、父亲、朋友等的其他面向。回首过去，从我们接到本书授权到本书出版，一晃8年，期间坎坷不言而喻。唯望此书能为更多想了解葛维汉其人、华西边疆历史、中国人类学史和世界博物学史的读者提供些许帮助。这里还需要指出的是，在翻译过程中部分人名和地名经多方查找仍无法核实的最后都采用了音译。感谢天地出版社编辑的仔细编校，彭文斌教授的研究生刘桃也参与了初始文本的部分校译，今后若有机会修订，我们将努力弥补上述缺憾。

五月，正是洋槐花绽放的季节，岷江上游沿岸一串串白色的槐花在风中摇曳，花香四溢，将人的思绪带到远方。或许在葛维汉播下第一粒洋槐种子时，他并没有想到此后整个四川都会有洋槐的身影，正如他当初乘船来到中国一样，也没有想到他会在中国度过半载人生，更不会知道一个多世纪以后还会有人因着他所做的一切谈论他、追寻他、纪念他。

卞思梅
于四川茂县松坪沟啼溪格尕小屋
2022年5月4日

目 录
Contents

我的先祖 …………………………………… 001

幼年时期 …………………………………… 003

在俄勒冈州、华盛顿州的第一年 ………… 005

在沃拉沃拉的早年生活 …………………… 007

贝克学校时期更多的回忆 ………………… 014

在皮尔森学校及惠特曼的日子 …………… 016

学院说 ……………………………………… 027

罗切斯特神学院 …………………………… 037

前往中国 …………………………………… 049

在中国 ……………………………………… 052

前往叙府 …………………………………… 057

在叙府 ……………………………………… 060

穿越云南 …………………………………… 079

首次回美休假 ……………………………… 083

回中国 ……………………………………… 088

在叙府的第二任期 ………………………… 091

第二次度假 ………………………………… 107

第三次回叙府 ······ 112
第三个假期 ······ 121
在成都的第一任期 ······ 126
第四次回家之旅 ······ 142
最后一次中国之旅 ······ 147
在成都的第二任期 ······ 154

附录一 ······ 169
附录二 ······ 176
附录三 ······ 202

我的先祖

我的父母都是平凡人——诚实、勤劳,也笃信上帝,除非生病,他们从不缺席每次教堂祷告和主日礼拜。

老葛维汉夫妇和五个儿女(摄于1882年,后排从左至右分别为老葛维汉的大女儿玛丽、二女儿埃尔米纳、老葛维汉夫人阿齐利、老葛维汉的儿子刘易斯、老葛维汉爱德华;前面从左至右分别为老葛维汉的儿子摩尔福德、约瑟夫。两年后,即1884年,葛维汉出生)

母亲姓阿齐利，她父亲是一名浸礼会牧师，他按照自己的意愿，以务农和布道为生。阿齐利外公不信任奴隶制度，而且到处宣扬反对蓄奴制。有一天，他在犁地时，一队联盟军士兵经过，偷了他的手表和马。我母亲发现了，追回了马。

关于阿齐利家族的记述很容易就追溯到美国独立战争时期，一位直系先祖曾投身于当时的战斗。阿齐利外婆姓克拉克，据说她的一位先祖在独立战争临近结束时因功获得了3万亩土地——他肯定参与了独立战争，不过迄今为止我们无法求证。据说他曾教导孩子们——"你们的血管里流着王室的血"，意谓孩子需凭借行事勤勉来证明自己的高贵。据说阿齐利外婆死于肺癌，我母亲也是。

我父亲参加的是联盟军，直到去世，他一直认为自己是正确的。在我的孩提时代，他常跟我讲述他参加过的恶战。有一次，他所在的部队中了埋伏，他们不得不冒着枪林弹雨，在24小时内奔袭97公里才逃脱噩运。父亲诚实、勤劳，不过书念得不多。我对父亲的能力常常赞叹不已——他常年忙于四季农活，还要养马、挤牛奶，补鞋、钉马掌。我们在阿肯色州的圆木屋和华盛顿州沃拉沃拉的木屋都是他一手建起来的。

父亲常常跟我们讲他的祖先在独立战争时期打仗的故事。他说早先有两位葛维汉兄弟，因宗教迫害，离开苏格兰去了爱尔兰，娶了当地人为妻，在独立战争前才移居北美。

我奶奶姓欧葛利。父亲的出生地在北卡罗来纳州，不过他家乡的市政厅失火，他的出生记录付之一炬。欧葛利家族曾有人花钱去查家谱，据说欧葛利家族的先祖之一在许多世纪以前做过国王。

葛维汉家族的家世也被追溯到数百年前，在亲属中有伊丽莎白女王，还有不少赫赫有名的学者、贵族和政治家。

我只能说近世的先祖都是些平民，诚实而正直，我也以此而自豪。父亲常说，他一生从未背弃过信义。

幼年时期

我还记得阿肯色州格林弗里斯特那栋老旧的圆木屋,1884年3月21日,我在那里出生。在幼年记忆中,我常常被抱到父亲和哥哥们忙碌的田间地头,放进一个盥洗盆里。我还记得哥哥刘易斯射杀了一只鸽子,因为它吃麦子。刘易斯还摘过野草莓给我。有时,大人也把我放在马车厢里,给我些黄瓜、甜瓜之类的东西玩。后来随着年龄增长,我开始探索世界,自己玩自己的。

那时候,家里养了只老母鸡和一群小鸡,我逮小鸡玩,母鸡就冲过来啄我。我家的大狗把老母鸡叼起来,吓得家里人急忙赶来搭救老母鸡。

我爬上羊圈,老山羊便觉得我侵犯了它的领地,把我顶了下来。我大声呼救,刘易斯跑过来把我扶起。老山羊被卖掉的时候,哥哥姐姐们都说:"你看,大卫,它再也不会顶你了。"

有一天,姐姐埃尔米纳和我去一处泉眼打水,在那里发现一条大蛇。还有一天,哥哥摩尔福德在劈柴的时候伤了脚,他什么也不做,只是躺在地上,任由伤口流血。再有就是一场狂风从树林刮过时,我们站在家门口观望。

记得有一天,就我和妈妈在家,一条大黑蛇爬进屋里。妈妈把蛇打死,扔出了屋子。一只老鹰看见了，把蛇叼走了。

那时候我们家种了甘蔗、花生、玉米、小麦及瓜果等。我们称花生为落花生，把它们藏在阁楼上。刘易斯对我说："大卫，落花生，敞开吃，免得老鼠偷吃完了。"

妈妈得了肺炎，我们不得不卖掉农场，开始西迁。我坐火车晕车，把吃的东西弄丢了。有人推着橘子经过，我想要一个，一个陌生人买了，送了一个给我。过隧道时，车厢里一片黑暗，刘易斯大呼："别吻我！"逗得大家哈哈大笑。

在铁路枢纽处，火车停下来变轨，以变换行驶路线。这里立了些铁柱子，上面是漆成红色的圆盘——看起来就像一顶顶帽子。我对哥哥乔伊说："我过去取顶帽子来。"乔伊被逗乐了。

1887年，我们搬到俄勒冈州的弥尔顿。父亲在那儿租下了一个农场，里面有一栋两层楼的房子、一个地窖，地窖上有一间泥屋。农场里有蛇、蜥蜴、兔子和獾。刘易斯下套捉了些獾和兔子带回家。

在俄勒冈州、华盛顿州的第一年

父亲租下农场，种了庄稼，买了些羊、奶牛、猪、马，犁、车和家具，也买了鸡。他计划种庄稼，喂养家畜，从当好农民开始创业。不过农场高处有一处水渠决了堤，淹没了我们的农场，大部分庄稼受损了。

母亲做了我很爱吃的玉米粥和玉米饼。那时候我学会了吹口哨，而且颇为自得。有一天吃饭时，我想要醋，结果把"醋"（vinegar）说成是"大黑鬼"（big nigger），惹得大家哄堂大笑。

有一天，邻居过来串门。两家的孩子在一起玩，后来大人们道别时，我也跟一个同龄的小女孩道别。大家都笑起来，而我懵懵懂懂，不知其所以然。

我们去邻居家拜访。有户人家院子里有一眼浅井，水面距井口约尺把远。我们这帮孩子跑过去，坐在井沿上把脚伸进水里。弟弟艾萨克也努力地伸着他的小脚去够井水，一下子掉入井中，往水下沉。所有的大孩子都惊呆了，吓得说不出话，一动不动。我张口就喊："玛丽、玛丽、玛丽！"玛丽是我们家大姐。她跑过来，把艾萨克从井里捞了出来。艾萨克很快就没事了，但其他孩子却转而责问我："大卫，你干嘛大呼小叫的？"那他们干吗又不呼救呢？而我却像是做错了什么事情。

母亲的肺炎越来越严重，为了她的身体着想，我们搬到山里的河边暂住。虽然她康复的希望不大，但我们希望她健健康康的。1888年8月28日那天，她把埃尔米纳叫到床边，说："好好照看大卫……照顾好他。"这是她的临终遗言。那时我正和孩子们在玩，有人跑过来说："大卫，你妈妈死了。"我问："死是什么意思？"一个大孩子说："他连死都不知道呢。"另一个孩子说："喔，死是什么意思呢？"我也弄不清楚他们是否知道。

牛瘟害死了父亲的羊、猪和牛，水渠最终完全决堤，把庄稼全淹了。母亲死了，弟弟艾萨克也跟着她去了天堂。父亲的钱用光了，他对我们说："我本想死后给你们留些钱，不过现在看来是做不到了。我要去城里打工，你们就可以上学了。"于是他带着我们搬到了华盛顿州东南部的沃拉沃拉。

到沃拉沃拉后，刘易斯感染了伤寒，也死了。摩尔福德在一次和孩子打闹的过程中，手指甲不小心刮伤了邻居家小男孩的脸，还大声叫他从草垛上下来。小男孩又哭又闹，就像快要被杀了一样。小男孩跑去他爸那儿告状，说摩尔福德打了他。小男孩的爸爸跑过来，不分青红皂白地踹摩尔福德，直把他踹倒在地，从带刺的铁丝栅栏下面踹了过去。摩尔福德的脊柱肯定被踹断了，他根本就爬不起来。他被送到医院，没多久就死在医院了。

这之后，家里愈加贫困，除家具、大车和两匹马外，一无所有。

在沃拉沃拉的早年生活

这件事发生以后，父亲去法院告状，想让踢死摩尔福德的人赔偿看病和住院的费用。不过这件事情只有孩子看到，法院不接受他们的证词。那人不但比我们有钱，也许还请了一个更好的律师。他否认踢过我的哥哥，法庭裁决他无罪。此人和我的父亲都是第一浸礼会教堂的成员，但牧师站在他那边，表明他给教会捐了不少的钱。这就是我们对美国法院正义的最初感受！

父亲带我们搬到县城的另一边。我也入学了，读的是当时所谓的"绘图班"，跟幼儿园差不多。绘图班有两个班，和一年级在同一间教室上课。我哥哥乔伊就在一年级。我是属于坐不住的人，老是转过来转过去。老师叫我安静下来，不过没多久我又东转西转起来。我把手写板插进书桌的缝隙里，老师叫我拿出来；不一会儿，我又把它放进缝隙里，于是就被打屁股了。我屁股挨打的次数很多，乔伊说他数都数不过来。

有一个名叫沃尔多·博格的黑人学生，他为人不错，大家都喜欢他。一天我们在校园里玩耍时，我发现他跑得非常快。因为父亲是南方人，我那时说话也像个南方人，而不知道别的方言。我说，"那个'黑鬼'跑得真快。"我不过是在夸奖他。其他同学听到我说"黑鬼"，就跑去告诉沃尔多·博格，说我称他为"黑鬼"。他觉得受到了侮辱，就跑过来使劲踢我。

老葛维汉和家人在一起［摄于1890年，从左至右分别为老葛维汉爱德华、葛维汉、埃尔米纳、约瑟夫、约翰（玛丽的丈夫）、玛丽］

作为南方人的父亲认为自己的孩子被黑人踢是一个极大的羞辱，他向校方抗议，要求把沃尔多·博格开除。老师们自然是不会开除沃尔多·博格的。于是父亲就带我转校。

我们搬到县城的另外一边，读了贝克学校。这次的邻里有些好人，不过多数素质不高。和我们走得近的人多不遵从十诫和其他非成文的戒律。不过，父亲打小时起就知道不打不成器的教育理念，在这种环境下，自然不会对我听之任之。

我有个玩伴叫奥斯卡，生于虔诚的信徒之家，不过他本人却是个惯偷。我不清楚他是否还有其他坏品行。一天，他叫我跟他走，告诉我哪儿可以找到鸡蛋。在一个农家院落附近，我们偷了鸡蛋并装进裤兜里。回家路上，我们遇到一个农民，他看见我们鼓鼓囊囊的口袋，说："你们去哪儿了？"接着又说:"我晓得了,你们偷了鸡蛋。看到那边的监狱了吗?如果你们再这样下去,也会进去的。"

多年后,已经读大学的我在帕斯克的家庭传道会布道时,顺便去拜访了奥斯卡的父母,他们看起来了无生趣。奥斯卡21岁时,抢劫一个人,那人奋力反抗,奥斯卡就开枪把他打死了,因此被判在监狱里服无期徒刑。

为了支持家里,大姐玛丽出去打工。她结婚之后,埃尔米纳就成了家里的"女主人"。她始终记得母亲的临终遗言,对自己的兄弟担当起好姐姐的角色。我们家住在城边上,走两三分钟就到了城郊。那里有一条铁路,经过交叉口,沿着山边通往车站。这里有大片大片的麦田绵延。我们经常沿铁路行走或走进麦田。我们看到很多鸟儿,如麻雀、草地鹨、猫头鹰、知更鸟、山鸡,还有不少红松鼠、灰松鼠。有时我们也到米尔小溪钓鱼,那里有不少灌木丛,也有很多野花,如雏菊、金凤花、黄钟花。有时我们还会捉松鼠和鸟,想驯化它们。如果我们发现蛇,通常会用脚后跟把它们踩死。

11岁时,我在一家农场找到份采摘浆果的工作,挣了些钱。那时候父亲养家困难,对我说:"你现在就自己挣钱买衣服吧。"从那以后,我的衣服都是自己挣钱买的。

家里第一位帮得上忙的好朋友是学校的一位老师,名叫布拉里通。她对埃尔米纳很好,帮了她很多忙。如果不是有这样的好朋友,说这些生活琐事也许没有多大的意义。

父亲有支大型号的10号双管猎枪,我用它到郊外打猎。有时我会打到山鸡、兔子或野鸭;有时我会向乌鸦群开枪,打几只带回家,做乌鸦饼。一次,枪双管连发,枪托冲击力太大,震得我的肩膀都青紫了。

男孩们有时会打架,我也会卷入其中。一次大家打成平局,还有一次发生在放学后,我抽打了对手。因为参与打架的人多,我怕事情闹大,先回家了。其他男孩觉得架还没打够,又有两个男孩打起来。这时警察突然出现,把两个打架的男孩带走了。

我最好的朋友是一个叫约翰的男孩。我们有时两三个月都玩在一起,有时又会吵架，不过很快就忘到脑后，重归于好。有一次，我们都很生气，向对方扔石子。我扔的石子正好打在他的额头上。没几周，我们又吵架了，彼此打了对方几下。虽然这不是闹得最糟糕的一次，但是他很生气，回家向他妈妈告状。他妈妈一路骂到警察局，要警察把11岁的我抓起来。她说我把她儿子伤得很重，而且还用最肮脏的话骂了她。那时我读六年级，第二天就收到了一张传票，被带到市政厅出庭，没有亲友到场。两边都没请律师，约翰和他妈妈一起来的。首先是约翰陈述事情的经过，他激动得难以自制，哭了起来，夸张地讲自己如何被打，前额又是如何被一块石头击中。他妈妈更是夸大其词，说她听到孩子大哭大叫——此事从来没有发生过。她还说我骂了她，用最肮脏的语言——她人都不在场！我被法官问及有什么可说的。我说，扔石子是另外一次，我从来没有骂过他妈妈。最终我被罚款2.5美元，法官问我父亲是否会交罚款。我说他不会，然后就被关进一个房间，关了一整晚，第二天早上才被放出来。第二天回学校，老师跟其他孩子说我是一个坏孩子。

教七年级的老师施莉小姐，是我家的好朋友。她虽然要求严格，但是一个好老师。校长韦斯特小姐，教八年级的美国史。在讲美国内战时，我有时讲述从父亲及他的联盟军朋友那里听到的故事。多年以后，韦斯特小姐写了一篇回忆录，发表在《斯波坎评论》上。她提到自己教过的一些印象深刻的学生："有个叫大卫·葛维汉的学生，很聪明，不过他总是在作业中加入自己的想法，所以我给他的分数要低些。"她的字写得很漂亮，也懂记账，所以我们的记账课也由她来教。她以为我们都懂记账，上课时讲得不详细，我因此不明白什么该做成日记账，什么该做成分类账。到学期中段时，邻居家有个男孩撺掇我们逃学，去爱达荷州北边逛逛。我们真的就跑掉了，在那边待了近两个月。爱达荷州北边有真正的牛仔和赶马人。我在一个农场找到份春播的活，干了个把月，得了头不是很健壮的母马，我骑着它回到了沃拉沃拉。在爱达荷州我学会了犁地和耙地，也学会了骑马。

那年夏天，施莉小姐把我引荐给哈利·雷诺德，帮他打工。他毕业于密歇根大学法学系，因为身体不好，所以回乡务农。农场里还有威廉·沃辛顿和一个忘记了名字的先生，两人都不错，爱好运动，都是出色的大学生，也是教徒和绅士。在他们身上，我见到了一种积极的男子气概，这让我想去读大学，并希望日后可以跟他们一样。

1899年从贝克学校毕业的那天，我拿着毕业证和好友切斯特·哈布利在城里漫步。我意气风发，那毕业证的分量远远胜过我后来从高校获得的任何证书。也就在这个时候，我加入了浸礼会。但我的良知颇受煎熬，因为我并未过上自己想象中的生活。我期待在受洗时会有一些神奇的经历，但什么都没有。不过，从那时起，我过上了一种规律性的生活：去教堂，参加青年人的集会，参加教会的合唱团。

从贝克学校毕业前的夏天，我和切斯特·哈布利在大布拉洛克水果农场做盛水果的箱子。一天，一群男孩从农场经过，手里提着在沃拉沃拉河与弥尔河的交汇处捉到的鱼。切斯特和我决定请一天假去捕鱼，出门时，父亲说："无论你逮多少鱼，我都能吃掉。"他认为我肯定会空手而归。我钓到一条大吸口鱼，拉不上来，只好捞上来，还有一条差不多大的，几条小一点儿的，以及不少鲑鱼。小鱼装了一桶，桶的边上还拴着几条大鱼。这是我在沃拉沃拉最走运的一次钓鱼。

在贝克学校，最严厉的惩罚是"橡胶鞋"，人人都怕。校长韦斯特小姐身强体健，她脱下一只橡胶鞋，对着犯错孩子的屁股就是一顿打。挨打真的很痛。有时要挨打的孩子会把书包塞进裤子里以减轻疼痛。有个孩子这样做了，挨打时果然不疼。韦斯特小姐打了一阵后问："疼不疼？"他答道："不疼。"她加大力度抽打后，问了同样的问题，得到的答案相同。于是她把手伸进他的裤子里，摸出个书包，更是气愤，再使劲打，那孩子疼得哇哇直叫。有次我也要受罚，我把书包还是别的东西塞进裤子里。韦斯特小姐抽打时，我装作很疼，轻易逃脱了，实际上没有多少痛感。

有一天，城里发生了一场大火灾，一块烧着的木瓦板飞到了学校的屋顶上，引燃了校舍，所有学生都被紧急疏散，消防队也来了。他们砍倒一棵很高的杨树，树干倒在房子上，消防队员爬上树才把火灭掉。那时正临近春季学期末，学校也因此停课了。

整个夏天我都在为雷诺德先生打工。有一天，我生病了，雷诺德先生就带我去弥尔河的营地，让我在那里休息，但工资照发。那天他把猎枪借给我，我打到了一只松鸡，炖着吃了。山里有很多越橘，有时我也去摘越橘，边摘边吃，吃了很多。山间还有溪流、森林，就像仙境一样。

在我进入惠特曼学校前，我已经存了足够的钱，除了买衣服，还有35美元的积蓄。1899年，我找到负责注册的薄拉腾教授，说："我想读惠特曼学院。"当时我还不太清楚学院和专科学校的差别，懵懵懂懂的。薄拉腾教授问我："你有多少钱？"我说："35美元。"他犹豫了一会儿，说道："我想我们可以提供打工的机会，让你勤工俭学。报酬是每小时15美分。"

时间倒回去几年。那时父亲有两匹马和一辆大车，他靠它们来挣钱。如果只是干体力活的话，挣钱不多。我12岁时，有一次父亲从市里争取到一份劳动合同，挖一条长壕沟，用来埋死去的马。合同规定了壕沟的长度、深度和宽度，报酬是8美元。父亲的马车另有安排，他没有时间来挖壕沟，所以他对乔伊和我说，如果我俩去挖壕沟的话，我们可以挣这笔钱。我们一大早就带上铲子和一罐作午餐的脱脂牛奶动身了。我们干得非常卖力，下午5点就把活干完了。一天忙活下来，挣了5美元。

读八年级的时候，老师安排我写篇文章——畅想20年后的圣诞节会是什么样的，然后在圣诞节晚会上朗诵，作为圣诞节演出的一部分。当时还没有飞机——或是飞机刚出现，还没有广泛使用。我的构想是乘飞机去纽约，然后再坐回来，在飞机上我俯瞰大地美丽宜人的景色，最后想着那美丽的景色快乐地上床睡觉。韦斯特小姐哑然失笑，说这样的飞行速度恐怕看不到啥风景。这样说似乎有道理，不过事实上在一定的飞行高度，是完全可以在高速飞行的飞机上观看到风景的。

我对发明家非常仰慕，幻想自己也是个发明家。我把这个想法悄悄告诉一个名叫卑珂的朋友，他人不错，虽然文化程度不高，但他却笑我，说我在浪费时间，因为爱迪生已经发明如此众多的东西，很快就不需要再发明些什么了。我认为在飞机发明之前，汽车、无线电报、留声机，以及很多东西已经给现代生活带来了革命性变化，后来我就想发明两三件小东西，其中之一是永动机。布朗教授告诉我其他人已经尝试过，发现永动机没法运作。另一个后来被注册了专利，不过我没听说过有人投入使用。

我也想当诗人，有时也会写写诗，不过没有坚持下去。韦斯特小姐是个诗人，读过我写的一首诗，说："不错啊！"我知道这个时段自己写的东西不怎么样。在惠特曼时，我写了些诗或韵文，有几首在学院《先锋报》上发表。

有一年，埃尔米纳在一所乡村小学教书，父亲和我就自己做饭。有天早上，我想用发酵粉来做烤饼。我看到盛发酵粉的罐子里有些黄色的粉末，就理所当然地认为是用来做烤饼的发酵粉。烤饼面团没有发酵好，当时不知道原因，后来才知道罐子里装的是硫黄。我居然把硫黄当发酵粉来用了。

父亲修了一栋四居室的木屋，除雇了一个木匠来做难度高的活外，其他都是在我们的协助下由他自己建造起来的。我跟着他学会了粉刷和钉钉子。

老葛维汉自己建造的木屋（摄于1901年）

贝克学校时期更多的回忆

我家附近的铁路对面是一座小山,城里的男孩子都喜欢到那儿滑雪。我们常在山脚下用收集到的旧铁轨枕木燃起一堆篝火,边休息边烤火聊天。德克家的地和一块大麦田就在不远处。地的围栏旁边,是麦子收割以后留下的草垛,冬天用来喂牛喂马。孩子们经常在草垛里打洞,或从草垛顶端滑下来。一帮熊孩子把草垛引燃了,被罚赔偿。

城里有几个有钱人家的孩子,如安肯尼和奥奇陆。他们有自己的朋友圈,但人都很随和,和其他男孩一起玩耍时,也很受欢迎。记得有一次,奥奇陆到我们这边的山上滑雪,他的脚被冻僵了,过来和我们一起烤火。他把靴子放到火边,靴子都烤出了焦糊味。我说:"你的靴子被烤焦了。"他答道:"我的靴子多得很,旧的不去,新的不来。"

我们都是自己用木板做雪橇。有时我们会把雪橇拴在大车上,车走,雪橇也跟着走,大家玩得很开心。

我记得有户叫韦伯的德国人家,他们友善,待人随和,也很勤劳。他们家的房子和地,正好在我们家和学校之间。他们家有个制革厂,还有个水池用来养鱼和在冬天取冰,成群结队的孩子跑到那儿滑冰。但是像我这样买不起滑冰鞋的人,只能靠鞋底来滑。

牧场里的马野性十足，人们主张用鞭子将其驯服后替人干活。我的骑术尽管还未到专业水平，但相当不错。我学会了骑那种烈马，还掌握了驾驭它们的技术，而且屡试不爽。一次，我被一匹马踢到头，人被踢倒了。还有一次，一匹马用后腿踢我，差点就踢到我的脸。慢慢地，我学会了如何驯服倔强的马，使其服服帖帖地工作。当然这也不容易，不过我从未失败过。倔强的马之所以如此，是因为驯马人的粗暴，他们失去耐心以后就鞭笞它们。我成功的诀窍不是用鞭子，而是靠友善加上一些别的方法。

那些年里，我们家很穷，有时穷到穿不起大衣。我记得9岁或10岁那年，也有孩子就读贝克学校的一家人，看到我大冷天没有穿大衣，就送了我一件大衣。我想当然地认为他们家很有钱，四处说这家人很富有，送了我件大衣。真实情况是他们家并不宽裕，而是刚好有件他们穿不了的旧大衣，就给了我。这件大衣质地很好，解了我的燃眉之急。

在皮尔森学校^①及惠特曼的日子

韦斯特小姐是贝克学校的校长，也是我家的挚友，她的友情，以及对埃尔米纳与我的友爱，一直未曾变化过。

在惠特曼上学的时候，我遇到了几个要好的朋友，这其中就有加尔文·托马生和吉姆·莱曼。加尔文的父母跟我们一样，来自阿肯色州；加尔文的叔叔奥斯贝瑞·托马生经常来沃拉沃拉看望我父亲，他有一个大农场，在靠近爱达荷州的莱维斯顿，也可能在华盛顿州境内。加尔文和我成了好朋友，经常聚在一起聊天和谈事情。我们俩都在勤工俭学，有一年夏天，我们一起收割庄稼。在他去世之前，我们一直都是亲密的朋友。

吉姆·莱曼来自靠近戴顿的家庭条件很好的公理会家庭。他是一个运动健将，擅长投掷标枪和铅球，也是惠特曼学院最棒的摔跤队员。他跟我都是各自教会与学院基督教青年会的干部。我们一起去俄勒冈州的吉尔哈特参加西北地区学院基督教青年会举行的会议。他偶尔会打橄榄球，有时我们会为橄榄球赛一起出行。

学校教职员中的好友有伊迪斯·美林、鲁米斯小姐、布朗教授、薄拉腾

---

① 皮尔森学校，又称惠特曼学校，是惠特曼学院的预备学校。1899年，葛维汉进入皮尔森学校就读，1903年毕业后进入惠特曼学院。

教授和校长夫人潘洛斯夫人。我应该专门提一下布朗教授的妹妹本洛德·阿尔贝塔·布朗小姐,她起初帮我辅导过一段时间代数,后来成了埃尔米纳和我的好友,偶尔我们会去她家拜访。她就像邻家大姐姐一样,在我沮丧或遇到困难的时候,以恰当的方式和恰当的语言来安慰我。毕业后,她在沃拉沃拉的一所小学任教。多年以后她过世时,她教过的学生在沃拉沃拉的报纸上刊登了一篇感谢文章。文章称有数以百计的人,尤其是她的学生与亲友,在多方面得到过她的关心。对一些人来说,她在他们需要时给予了友善的建议;对另外一些人来说,她帮他们找工作,甚至在经济困难时帮他们筹钱。

布朗教授经常邀我去他家。他待人谦和友善。第一年,他教英语,我是他班里的学生。有一次举办演讲比赛,得胜者会作为班上代表在全校师生面前演讲。他在几个演讲者中选了我,他说,"我选了那些我认为将来会给惠特曼学院增光的人。"

我家一度经济特别困难,布朗教授把我叫到身边,说:"我家有一个习惯,就是把收入的一部分捐出去,我们觉得你来接受这个捐款比较合适。"然后他给了我10美元还是15美元,这帮了我的大忙。遗憾的是我完全愣住了,连句感谢的话都忘说了。我进了田径队以后,别人都有光鲜的浴袍,在比赛间隙套上。我没有浴袍,就用毯子代替。一天,布朗教授走过来对我说:"你去买件浴袍,我来付钱,买件好的,便宜的不要。"他在世时,我俩的交情一直没断。

我读皮尔森学校的时候,皮尔森还是惠特曼学院的预备学校(需要读4年)。因为老师们在学院和预科学校同时任职,所以皮尔森学校也常被叫作惠特曼学校。皮尔森学校的学生可以和惠特曼学院的学生共用自习室,也可以参加他们的运动队。皮尔森学校的学生认为他们属于学院,所以他们说"我上惠特曼学院"也是没错。学院仅有35名大学生,这些人在橄榄球、田径与朗诵方面与爱达荷大学、华盛顿州立学院和华盛顿大学举行对抗赛,令人惊讶的是,惠特曼学院经常赢。同为惠特曼的学生,我们理所当然地认为自己应该打败他们,偶尔我们也做到了。

在第一学年的春季，我在撑竿跳方面做得不错，也开始练习400米、800米和1600米赛跑，以及掷铅球、链球、标枪、跳高等项目。也是在这年春天，我在与一所高中学生的比赛中获得第二名，那以后我一般都会拿名次——在高中与学院校际比赛中，分别获一、二、三名。接下来在秋季，我练习橄榄球。那季的最后一场赛事是与爱达荷大学比赛，我是左卫，我们以16∶0的成绩赢了爱达荷大学队，在冲撞中我尽力把对手推回去。大家都说我发挥得不错，我们赢了。这让我有资格穿印有W字母［W为Whitman（惠特曼）的首字母］的运动衣。这以后，直到高年级的最后一个赛季，我长期在球队里打球。在田径项目上，我保持了一年的学院纪录，撑竿跳纪录是两年；高年级时，我还打破了学院的链球纪录，赢了爱达荷大学、华盛顿大学和华盛顿州立学院的最强选手。我也打了很多年的篮球，一直到学院开始校际篮球联赛。

进学校后不久，学院的基督教青年会召集学院和学校所有的信教学生开会，我也参加了。虽然只是一年级学生，我被任命为读《圣经》会的主持。我一直是尽全力把事情做好的人。我组织了一个《圣经》班，不久该班就无需老师，由我来任教。从这些课程中，我所获甚多，也让我养成了每天研读《圣经》的习惯。后来我当上了基督教青年会的财务主管和会长。因为我表现好，我得以经常和学校的信教学生们一起聚会，时不时也作为代表参与学生的会议，差旅费全包。有一次，开会的地点在加利福尼亚州的太平洋丛林镇，E.E.布朗和我是会议代表。有时会议也在俄勒冈州的吉尔哈特的海边度假村举办。在这些会议和参赛的旅途中，我认识了其他大学的人。

我刚在惠特曼上学时，思远楼还没完工，雷诺德宿舍楼也没修起来，体育馆也没建，惠特曼校园里的灌木丛尚未被挖走。我在学校的第一份活是在主管劳德的指挥下，把校园里的灌木丛连根拔掉。这活很辛苦，不过第一天快结束时，劳德先生说："活儿干得不错啊……"打那以后，我想找活干——学校的差事、教授或沃拉沃拉朋友们的活——都特别容易，一小时计酬是15美分。活儿一般都比较累人——扫地、地毯除尘、修剪草坪、锯木劈柴，还有很多别的杂务，也包括送报纸。夏天我在农场打工——耙地、犁地、割草、堆垛、脱粒。我还学会了缝脱粒机上的口袋，这也是我在惠特曼几年中干过的最辛苦、薪酬最高的活。食宿除外，缝口袋的报酬是每天4美元。夏天挣的钱用来付秋季学费、买衣服和书，通常到年末我都不会欠债。我想强调的是，这一切都是辛劳所得，而且我还要承担教会事务，参加学院的基督教青年会的活动，以及打橄榄球，完成田径队的训练，还要顺利完成学业。我在皮尔森学校和惠特曼学院的八年中，用的钱几乎都是自己挣的，而且后来我去纽约罗切斯特神学院的费用也是自己挣的。

1907的夏天，斯帕葛和我在一块麦秆很短的地里缝口袋。麦穗很饱满，每分钟可以装满六袋麦子。我们缝好所有的口袋，然后搬出去，堆起来，后来老板主动叫人来搬，帮我们码起来；虽然看起来有点像超人的活儿，但是我们不愿示弱，不想要帮手。在收割地里，我们见到形形色色的人，大学生、囚犯和无业游民。晚饭后我们通常都会有赛跑和摔跤活动。至少有两个夏天我都是给埃尔玛·戈斯的父亲或他的一个兄弟打工。埃尔玛是我的朋友，为人不错。

1908年的夏天，我在肯尼先生那里干活，他的农场就在沃拉沃拉附近，干的是码草的活儿。同学哈利·普劳德福特则负责把草装车。一天临近中午，我们快吃午饭时，普劳德福特说："我们试试把草装上车的速度有多快。"我说："行，你让马车一直走，别停。"一般来说，装车的时候马车都是走走停停的。我精力充沛，掷草的活儿也干过多年。我奋力一掷，就把一堆草抛到车上。扔完一堆后，迅速跑向另一堆，车一来就扔上去。我们装了满满一大车。最后，普劳德福特高声说：我们只花了6分钟，而以往要半个多小时才能装满一车草。

惠特曼的学生不多，学生和老师彼此都认识。老师看见学生时，会直呼其名："喂，大卫，你好！"

蔡由斯·格林斯拉德是我的朋友，他很聪明，为人不错。后来他去叙利亚当了传教士，是著名的传教士、作家、管理者，任叙利亚传道会的秘书多年。雷和路易斯·萨瑟兰是我在贝克学校时的同学，他们家境不错，衣着光鲜整洁，学习成绩在班上名列前茅。吉姆·雷葛比是学院的精英，校报的编辑，他时不时到我的寝室里来。如果我写了有趣的诗或故事，他就会拿到惠特曼学院《先锋报》上刊登。我的第一首诗是根据在爱达荷听到的牛仔歌曲改写的："饿了就吃，渴了就喝，威士忌喝不倒，就尽管活。"我听到大家抱怨牛排硬邦邦的，就改成"牛排吃不好，就只管活"。另一位朋友是从戴顿来的，叫胡·埃玛·布朗，他个性粗犷，不过粗中有细。他嘴边总挂着脏话，虽然越说越少，但是在橄榄球赛或棒球赛中，他会对队员们大喊大叫："该死的，干掉他们！"他是个出色的投手，不过有一次投掷的时候手臂受伤了；他也是个优秀的橄榄球队员，当过一年队长。他对辩论感兴趣，参加过八次校际辩论赛，次次胜出，还赢了一场校际朗诵大赛。吉姆·莱曼和我商量，他要是信教就好了，于是我们祈祷，然后准备跟他谈谈。胡·埃玛·布朗喜欢辩论，完全可以在与我们的讨论中把我们搅昏，我们认为自己力所难及，就去找彭罗斯校长。彭罗斯校长和公理会的莱斯牧师跟他谈了，他答应信教，而且入了公理会。他完全可以当律师的，不过成了一个出色的布道者——伊利诺伊州恩格伍德公理会的牧师，他的教会成员中有不少知名人士。

在学校、学院和教会里，有几个女生是我的好友。有个叫蕾奥拉·沃尔星顿的高年级女生，是学生志愿者，后来我们再见面时，她已是火奴鲁鲁的传教老师；爱丽丝·金翠与一个农民结了婚；在教会里，劳拉·摩尔和我经常一起走路回家，后来我也应邀去她家参加过一次聚会。穆瑞尔·博德维尔是音乐学校的学生，也是教会和基督教青年会的积极分子。哈莉·克罗普现在仍居住在沃拉沃拉，她是一个漂亮的女孩，父亲是医生，她后来与邮政局的德义先生结婚了。罗碧·莱曼是莱曼兄弟的堂妹，也是我的同学，我们有时一起滑冰，有时一道去参加聚会。这些女性朋友中，只有一个与爱情有关,那位年轻的姑娘认为我们俩不合适结婚——毫无疑问,她是对的。我上一次听说她大约是在25年前,她已经是5个孩子的母亲,而且生活幸福。

另一位朋友是林妮·摩西,她很聪明,组织辩论队,学习成绩也很突出。她对诗歌和艺术很有兴趣,富有想象力。有段时间我们来回写字条,很亲近。一天晚上,她在学习时,刮起了大风,一片枯叶吹进了房间,落在她的书桌上。她在纸条上写道:昨晚狂风大作,一片丑陋的褐色枯叶从窗外吹进来,落在桌上,我无心将它扔出去,任其随风飘荡。我觉得里面有诗意,稍做调整,改成一首押韵的诗,送还给她。有一年圣诞节,我送了她一幅雪山图,上题:"小小的礼物,恳请收下,祈望它蕴意长久,登峰顶而达美之绝妙盛景,也祝福你对成就、美、爱和事业的心灵追求。"后来她与罗伊·沃尔夫结了婚,当了图书馆员,也是一个很有成就的作家,不过现在已过世。

葛维汉在惠特曼学校田径队时期的合影(摄于1903年,第二排右三为葛维汉)

在学校时，我参加了体育代表队，与华盛顿大学比赛，我们住的旅馆没有窗帘。旅馆里到处都是蚊子，它们到了晚上就大肆攻击房客，白天则趴在天花板上。我的室友把枕头抛向天花板，砰的一声。每扔一次，就会有几只死蚊子掉落在地上，天花板上也因此留下了血渍。我们赛事结束时，蚊子几乎没有了，屋顶上的血渍很多，星星点点。

我在教会认识了一名叫克罗维丝·伊文的女性朋友，她的父亲给我们当过一段时间牧师，他一直都是我们的好朋友。我和克罗维丝曾几次一起散步聊天，到现在还是好友。

我对诗的兴趣很浓，写了几首押韵诗发表在学院《先锋报》上。有件事一直让我难以忘怀，"内华达山脉诗人"姚秦·米勒访问了我们学院，并且现场朗诵了他的几首诗。最让我激动的是，他朗诵了他的名篇《哥伦布》，我的小诗《罗宾》就模仿自他的一首诗。

1903年，我在学院一年级时，同学们让我写首诗跟二年级对抗，我写了我认为是最好的一首——《地狱之旅》。不过后来我的一位英文老师，无意之间（包括我自己也是）打碎了我爱诗、写诗的梦想。

男女生们只要有合适的社交时间，就会聚会。其中一次聚会，指定用某个首字母来写有关动物或人的一首诗。我抽到的是a，于是选用ape（猿猴）来写诗："猿猴坐树上，心里很忧伤。因为做坏事，妈妈板子扬。"我得了第二名。

罗碧·游利芙是我们很喜欢的老师，她教我们英文、德文——我想还包括法文。我们都喜欢她，在某种程度上，她能鞭策我们努力学习，有时她也会跟我们一起去滑冰或者参加我们的聚会。男生都喜欢跟她一起滑冰和聊天。

卢米思小姐是不错的老师，给我们上过几门课——拉丁语、法语等。在教我们这些初学者希腊语的那年年末，她说要辞职去哥伦比亚大学读研究生。期末考试那天，我迟到了，其他同学在看了考题以后，交头接耳，说是考题很难。一个女生对我说，"这次考试太难了。"后来在交卷时，我在考卷上傻傻地写了一句："我期待你到哥伦比亚大学后，考题也这么难。"她很生气，一气之下只给了我65分。假如我换一种表达："我对你这些年来多方面给予的帮助深表感谢，也祝你在哥大取得成就并快乐。"我的成绩至少可以得85分。

我读一年级时，思远楼还没修起来，上课就在木屋里，对面就是后来的音乐教室。每间教室里都有取暖炉，我们男生有时会带些霰弹枪帽来，在炉子上放上一颗，然后就会听到一声砰的炸裂声。我也兴高采烈地参与了这种恶作剧。

有一天，一个男生找到一枚大头钉，将它头朝上，放在薄拉腾教授的座位上。我认为这样玩过火了，就走出教室，在外面迎住薄拉腾教授，低声把座位上有大头钉的事告诉了他。他向我表示感谢，进去后走到座位旁，把大头钉摇落。

我在惠特曼最好的朋友是彭罗斯校长。他是一位极其难得的人，具有非同凡响的综合素质和多重身份——绅士、教徒、运动员、传教士、先驱者、老师、教育家、校长、公民、父亲、作家，等等。他尽量让学生们能够人尽其才，我从来没看见或听说他发脾气，他能叫出每个学生的名字。正派的学生都把他视为朋友。他直呼学生的名字，对学生信任有加。我经常听同学说，彭罗斯校长对他的信心，使他觉得自己有能力有决心取得好成绩。彭罗斯校长及其夫人是我一生的挚友，在校长去世之前，我一直定期跟他联系。他是我遇到的众多人之中，真正能够扬善的人。

在进入惠特曼学院之后，我接触到了学生立志布道运动。这项运动鼓舞了成千上万的年轻人志愿从事传教活动——如果上帝许可，也去海外当传教士。莱德先生是太平洋沿岸外国传教会的秘书，我与他接触过几次。也正因为他后来的安排，慕義和我作为传教士，1911年经加利福尼亚州去中国传教。我与浸礼会派往中国华南的传教士坎贝先生见过面，我协助他们安排在惠特曼学院以及教会的会议。

我第一次听说征招传教士的事情，是在加利福尼亚州蒙特雷的太平洋海岸举办的学生会议上。基督教青年会的秘书科尔顿、鲁等发出了呼吁。会议阐明了征召传教士的需求与缘由——如果去做海外传教士，那么我们的生活会更有意义，也会更加丰富。我们当时所要做的就是祈祷与思考这事，无须草率决定。我们要知道的是，传教士的生涯需要做大量准备。思考数月后，我决定把做海外传教士作为自己的人生目标。

跟其他学院一样，惠特曼学院也组织了学生志愿队，吉姆·莱曼、蔡由斯·格林斯拉德、蕾奥拉·沃尔星顿等都是成员。我们每月碰一次头，一起学习，友情长存。我们也组成小组去教堂、参加会议和布道演说。有一次，我在卫理公会的教堂演说后，有位信徒说："那个年轻人讲得不错。"我们上过一堂传教课，彭罗斯校长讲"传教领域里的英雄"。在这堂课上，我知晓了大卫·利文斯通及其他人的事迹。

在惠特曼读高年级时，我在帕斯克及帕斯克和沃拉沃拉之间的两个站点做过家庭传教工作。我的上司是一位州家庭传教干事，他希望我毕业后继续从事这份工作。不过我认为如果自己离开学校一年，就没法继续求学了。于是我辞掉这份工作，去罗切斯特神学院继续深造。做家庭传教牧师时，我给不少人主持过洗礼。因为没有专门做洗礼的地方，我就在斯内科河给他们做洗礼。

我在农场工作过，也给脱粒机缝过口袋，这事在农民中广为流传。有个由我主持洗礼的农民，在介绍我时说："这是我们的牧师葛维汉先生，他会缝口袋。"

在去加利福尼亚州蒙特雷参加基督教青年会的途中，我们路过旧金山，布朗跟我去看了美丽的金门大桥和其他景点。在这里，我第一次乘坐有轨电车。车子启动时，通常都会震动一下，但我乘坐的那趟没有。不过，我刚在一位胖女人身边坐下来时，车子却震动得厉害，我一下重重地坐到女人的腿上。电车放缓了速度，我站起来准备坐好时，车子再次震动，我又一次坐到女人的腿上。我看到她脸上满是责备与厌恶的神色。后来回到沃拉沃拉，布朗给大家讲述了这段经历，听众大笑不已。

我们也去蒙特雷湾游过泳。一天外出参观，景点包括很老的卡麦尔教堂。我们租了一辆两匹一排共六匹马拉的大车。车来了，不过没有赶车的人——老板要回去照看他的车马出租房。他问："有人能赶六匹马的马车吗？"我说我可以，于是就被安排驾驶马车，当然是义务工作。我一路赶马，尽量不让马劳累。老板夸我"很能干"。我们在海边看到了美景。

在校期间，我们学校有一个篮球队，不过并无校际或院际比赛。我们跟学院球队打比赛的机会不多，有也是经常大比分赢他们。老师经常叫我们跟他们打比赛，他们需要锻炼。他们中的有些人没当过运动员，状态不佳，所以我们总是赢。有一次，我向彭罗斯校长提及此事。他笑了笑说："你们能赢他们，我很高兴。"在我们与老师打最后一场球赛时，橄榄球教练打中锋，与我是对手。他是出名的球员，曾在全美橄榄球队效力；他也是位出色的球员。不过他相信只要不被裁判抓住，就可以犯规，而且鼓励其他队员也这样做。别的老师都认为应公平竞赛，能赢则赢，就算输球也不能犯规。那时我的状态很好，老是赢橄榄球教练，每次都能从他脚下把球截住，让他很不快。一怒之下，他就用脚后跟踢我的小腿。我被踢得很痛，出于对不公正行为本能的义愤，我退后一步，挥拳要朝他的肚子打去。不过，最后关头理性占了上风，我转换方向，打偏了。但是其他老师很震惊，他们都不打球了，走了。布拉里通教授走过来，对我说："大卫，我想你应该向教练道歉。"我是否应该道歉值得商榷。不过，我还是按照布拉里通教授的建议，向橄榄球教练道歉，因为我差点打了他。他窘迫地笑了笑，说是他的错。如果我那拳真打中他，肯定是结实的一击。后来他不再担任教练，应该也有经常犯规的缘故。对当天的自我约束，我没有后悔过。

八年级毕业后，姐姐埃尔米纳因教过几年书，和我同期入读皮尔森学校。我们同届，从学校到学院，很多课程一起修。我们在同一个年级，在学校上同样的课。我们是好朋友，经常一起出入社交场所。起初，我们住在赫弗森街的家里，每天一起上学和放学，那是一段很长的路。我们不得不自己做饭。后来我住进了男生宿舍比林斯宿舍楼。埃尔米纳为了挣饭钱，曾在W.

S. 克拉克夫人（即施莉小姐）家里帮忙，后来又住进了艾伦·雷诺德家，最后住进了女生宿舍雷诺德宿舍楼。1908年，我们一起毕业。

我记得，下面的事情发生在惠特曼学院的第四年。基督教青年会的秘书来到了沃拉沃拉。我和他偷偷去了沃拉沃拉的酒吧、妓院，观察那些违规的行为。后来，他在第一浸礼会教堂讲了他所看到的。

斯塔克家族是来这个教堂的最重要的家族。斯塔克先生经营着一家涂料店和纸铺，领导着合唱团。斯塔克家族成员都喜欢音乐。克利福德·斯塔克和我年龄相仿。经过与基督教青年会秘书的商谈，我们讨论了这件事并决定做些什么。我们写了一份简单的请愿书，"我们，签名的人，抗议'沃拉沃拉'酒吧的邪恶行径和违法行为。"浸礼会的不少成员都签了名。然后，我们把请愿书交到卫理公会和长老会教堂。牧师们肯定了请愿书的行为，并敦促成员们签名。我们得到了许多签名。

斯塔克先生是市议会的一员。我们把请愿书交给他，他在议会委员会上提交了请愿书。议会成员说他们将采取行动，但首先要了解清楚相关情况。我们决定再做调查，并写一份详细的调查报告，记录我们在酒吧发现的事情。考虑到酒吧可能会报复，我们找了惠特曼学院的外地男生来调查。因为我住在宿舍，所以我也在调查人员的名单中。星期天，我们偷偷去了每家酒吧，写了调查报告。议会召开了，通知各大酒吧，说议会有了对各大酒吧不正当经营的证据，如果酒吧星期天不关门，不遵守法律，他们的营业执照将被吊销。沃拉沃拉的酒馆立刻发生了变革。多年以后，我在檀香山见到了克利福德·斯塔克，我们愉快地回忆起这件事。

学院说

在皮尔森学校时,我们觉得自己已经属于学院了。每天去同样的教堂做礼拜,住在同样的宿舍,遇见同样的老师,如果正常升学的话,我们还可以在学院的球队里打球。因此,相比那些从高中升入学院的学生们,我从皮尔森学校进入惠特曼学院,生活改变并不大。

一年级,即1907届(1907年毕业),和二年级1906届之间有一些"争斗",接下来我要做解释。我和埃尔米纳一起进入了1907届,第一次年级争斗就发生在那个阶段。我们年级有很多运动健将,包括吉姆·莱曼,他是惠特曼最好的摔跤手,后来成为一名土耳其传教士。我接受过摔跤和拳击训练,但吉姆更厉害,后来在俄勒冈大学,成了那儿最好的摔跤手。在我的记忆中,法默斯·吉尔布雷特是二年级唯一的运动员,我们在人数上也比他们多。二年级的学生因此避免和我们公开开战。相反,他们把我们班的人单独抓到镇上,一次对付一个,拿走他的帽子,嘲弄或羞辱他。这激怒了我们。我们想要一次真正的彻底的年级对抗,但我们没有等到。我们的愤恨和对争斗的渴望与日俱增。

一天早上,我因为早餐前要送报纸,去雷诺德宿舍楼时已经有些迟了,男生和女生在那里的一个食堂吃饭。我的房间在比林斯宿舍楼二楼,当我走出房间去吃早饭时，遇见了吉姆·莱曼。他的眼睛里和脸上写满怨恨，说："大卫，二年级的学生闯入我们年级同学的房间，做各种破坏行为。我们下去修理他们吧。"当时，我穿了一件最好的衣服，所以我想脱掉外套，换一件毛衣。我说："等我换一件毛衣。"他说好的。我回屋换衣服，准备去打架，吉姆却不见了。我朝楼下看，没看见人。大门旁边有一间青年会的阅览室，门锁着，里面有吵闹声，这说明吉姆和二年级的学生在里面。我用肩膀把门撞开，走了进去。吉姆身下有两个二年级的学生，他伸手去抓第三个人，那人也想把吉姆拉下来，第四个人在旁边看着。我帮吉姆抓住了第三个人，然后扑倒并绊住了第四个人。我们把另外三个绑在一起。其他二年级学生来的时候，我们抓住了他们，并把他们绑起来。当一年级学生吃完早饭回寝室时，我们已经把二年级一半的人都绑起来了。在同学的帮助下，我们绑住了所有二年级的学生。我们把他们带到拉科大科，计划把他们扔进水池。当扔了三个进去后，我们觉得这事做得太过分了，就把所有二年级的学生带到纪念大楼附近。我们站在那里，让二年级的学生经过一个小教堂，见证我们的胜利，然后才放了他们。几年后，我从中国回沃拉沃拉度假，吉姆从土耳其回来度假。彭罗斯校长邀请我们去他家吃饭，也邀请了教过我们的教授。我讲了这个故事，吉姆保证这个故事确实发生过。

不出意外的，在这一年剩下的时间里，我们和二年级的学生没有再互找麻烦。

然而，那种竞争关系却没有突然消失，至少在新生中是这样。每个班被允许出一期《先锋报》，这意味着当期报纸的大部分内容是由承担班级完成的。我们年级的学生决定利用这次办刊的机会，赢过二年级，还写了一些故事抨击他们。有个编辑找到我说："我们知道你写得一手好诗。我们想让你为这期刊物写一首抨击二年级的诗。"我一直在读歌德的诗，尤其是《浮士德》，脑海中充满了他的形象。我写了《地狱之旅》，诗中一个二年级学生被魔鬼痛斥。从某些方面来说，这是我写过的最好的诗。这首诗是不署名的。轮到二年级办报时，一个非常聪明的学生，被要求写一首诗来回应《地狱之旅》，但他最终放弃了这个棘手的任务。二年级学生一直没有发现这首诗是谁写的。

第二年秋天，我又参加了一年级（1908届）的群架，其原因是我和埃尔米纳降级到1908届，之后一直读到毕业。在班级群架之后，我就保持中立了。我既不反对老同学，也不反对新同学。1908届的新生班有几个经常打架的学生，他们都是运动员，所以1907届的学生有了真正的对手。在第一次争斗之前，我和1907届的同学商量了，觉得新生班上最强壮的人是罗伊·佩林格，他被称为"帕特·佩林格"。他比我高大、强壮。他打棒球和踢足球，后来是足球队的队长。1907届的同学走过来告诉我，让我"照顾"佩林格，说他们会"照顾"其他新生。我不知道他们为什么不叫吉姆·莱曼"照顾"佩林格，吉姆·莱曼是一个厉害的摔跤手。打斗开始时，我向佩林格猛扑过去，抓住他，使他无法挣脱。我把他按倒在那里，直到喧闹结束。后来佩林格说，他不明白我是怎么做到的。

学院的基督教青年会决定邀请沃拉沃拉附近的高中和师范学校的代表来参会，选出基督教青年会的优秀干部。我为此做了很多工作，包括组织一场篮球赛、一场锦标赛，我也拜访了青年会的领导，发表热情的演讲等。会议非常成功，沃拉沃拉的朋友们免费招待了客人，这次会议后也组织了《圣经》学习班。

父亲和工友们一起工作时，经常撞到小腿，有时会蹭脱皮。他不知道碘酊或酒精可以作为消毒剂，因此常由小伤口导致感染或伤口愈合得很缓慢。露辛达阿姨告诉了他一个更糟的处理方法。在我们上大一那年的二月，父亲的伤口发展成坏疽，全身都感染了，是共济会救了他，把他送到医院，开始还请了护士照看。

我的爷爷和外公都是共济会会员。外公去世后，当地共济会花钱买了一块花岗岩为他立了墓碑。我父亲是个三等共济会会员，也是个忠诚的共济会信众。在沃拉沃拉的这些年，全家人都非常辛苦。如果不是共济会的朋友们帮助父亲找到工作，父亲根本没法养活全家。

有一个叫贾奇·厄本的共济会会员，他在俄雷克很有影响力。有一年夏天，我去俄雷克打了一段时间工。在回家的火车上，我遇见了他。他告诉我，他会帮我付车费，但我没有看到他付钱给列车员，也有可能付了而我没看见。第二天，我始终感到良心不安，跑去车站售票员处付了票钱。我说列车员可能没看见我，售票员看起来很惊讶。

父亲存了三百块钱，交给好友弗雷德·保利保管。弗雷德是个好人，他在沃拉沃拉第四大街和主街之间开了一家烟草铺子。多年来，他是我们一家人的朋友。有一次，我在州北部，钱用光了，是他寄钱给我，让我用这些钱回到沃拉沃拉。我上四年级时，他借给我70美元，但从来没有向我讨过债。我结了婚，在中国当传教士后才把钱还给他。

父亲的身体很强壮，在我的印象中，他从没生过病。他的死是由感染引起的，这种感染在今天很容易治愈，可能都不需要使用青霉素。正常情况下，他能活到90岁。他的牙齿很好，没有齿隙。印象中他只有一颗蛀牙，但他没有把牙补上，而是把牙拔了。他从不偷懒，可以干一整天辛苦的活。他爱嚼烟草，但在52岁时，他戒烟了，再也不嚼烟草了。有一次，我听到一个人夸口说自己已经三年没有喝醉了。父亲说他52年来从来没有喝醉过。我从未见过或听说过父亲喝酒。

父亲住院后，我和埃尔米纳不得不停下学业，在两个多月的时间里，24小时轮流照顾父亲。做护理工作的同时，我们也在自学，我还要打工挣钱。因此，我们不可能通过那学期的大部分课程并获得学分。

共济会帮忙支付了父亲的医疗费用，否则我们就得中断学业，来偿还这笔债务，而且我们可能永远也完不成大学课程。他们还为病逝的父亲举行了葬礼，有20多人参加。我从共济会那里得到了许多善意的帮助，有些帮助是非常大的。

那年秋天，我和埃尔米纳面临着一个大问题：我们是要选修更多的课程，弥补这学期的功课，还是降级到1908届去？我们选择了后者，为了勤工俭学，我们还有许多工作要做。

春季有一门课是大学代数。父亲生病之前，我的成绩是90分。父亲生病期间，埃尔米纳和我决定自学代数后去参加考试，希望以此获得学分。但这是个错误的决定——我应该放弃这门课。教授布置好试题后，就出去了，留下我们两人。有一道题特别难。埃尔米纳想帮我，就问："你知道这道题的答案吗？"我回答："我们不能在这儿讨论这个问题。"结果，她考过了，而我因为没有答出那一题而未能通过。多年后，埃尔米纳说起我没有接受她的帮助，使她更尊重我了。这是我这辈子仅知道的埃尔米纳可能会做的一些不诚实的事。

1908届一共有22人毕业，无一例外都是好人，而且大家感情很好，都是好朋友或兄弟姐妹。我们班上仅有的一对夫妻，是伊莉迪斯·帕多克和阿瑟·摩根，他们都是好人。伊莉迪斯是大家的好朋友，她被认为是大学里最受欢迎的女孩。阿瑟是个好人，很受欢迎。班上的同学都很聪明。有些同学是优秀学生，他们以优等成绩毕业。为了挣学费，我做了很多兼职。我也在基督教青年会工作，去教堂做礼拜，踢足球，参加田径运动，为学生志愿者乐队做演讲，最后一年做家庭宣教工作，参加合唱团……最终我以0.5分之差未能列入优等，以84.5分的平均成绩毕业。

在惠特曼的时候，我们班上演了一出希腊剧。在剧中，我扮演尤利西斯，打了泰瑟赛蒂兹，因为他侮辱国王。大三的时候，我们班写了个班级戏剧在教堂上演。我们班的成员还编写、编辑并出版了学院的年度刊物《怀拉普》。

有一年夏天，我在蓝山的一个伐木营地工作了大约三个星期。我学会了如何使用斧头，至今没有忘记。

我在惠特曼的第二个秋天加入了球队，先后打过中锋、左后卫和截锋。最后一学年本应该是高潮，但却是低谷。父亲一直不让我打球，埃尔米纳也不赞成，我的女朋友也不同意。在最后一年的秋天，我拜访了克拉克夫人，也就是施莉小姐，她是我七年级时的老师。"你在打球吗？"她说，"嗯，大卫，我对你感到失望。我对你非常失望。"她觉得打球很不对。我很喜欢打球，加之学校里的运动员很少，所以我认为作为一名忠实的学生，打球是我爱国的表现之一。但克拉克夫人的话深深地刺痛了我，我去找佩林格队长，告诉他我将退出球队。我得到了几句劝慰，并继续打球。我是在犯傻。后来在对华盛顿大学的比赛中，我的对手很强壮，还犯规，他企图把我淘汰出局。他又打又踢我的头，导致我头的一侧瘀伤了，最后教练带我退出比赛。在我所有的打球经历中，我仅遇到这一次。现如今，这种情况经常发生，但当时教练和我的队友认为这是犯规，我也被禁止参加其他比赛。

接下来的早春时节，田径队队长来找我："葛维汉，除了链球，我们在每项比赛中都有三个厉害的队员。我想让你放弃其他运动，专攻链球，你是仅有的有经验的链球投掷手。"培养一名优秀的链球运动员需要几年的时间，即使他有天赋和发达的肌肉。因此，我放弃了跑、跳、铁饼和铅球等项目。我画了一个直径为2.1米的圆圈，日复一日地练习。我做到了三重旋转，这样我就可以每次都在环中，按照自己的节奏以45度的角度投掷。我学习了一些如何把球掷得更远的小技巧。一天，教练来了，他很高兴。他对其他队员说："葛维汉在那边练疯了。"以此表达了他的赞许。

在华盛顿大学西雅图分校的田径比赛中，我的对手是一个大块头的瑞典人。他比我高

穿着惠特曼学院田径队服的葛维汉（摄于1906年）

大得多，也强壮得多。他看了我一眼，说："叫其他人来比赛，我们会得到第二或第三名。"他其实想得第一名。最后他扔了大约36.6米，而我扔了39.5米。他们确实得到了第二和第三名，难道他们不感到惊讶吗？他们会不会在赛后更尊重我了？

下一次的赛事是在普尔玛，三巨头碰面——华盛顿州立学院、爱达荷大学和惠特曼学院。在我看来，我的对手更像巨人，而不是普通人。天气照常很冷，但我又赢了。最后一场比赛是在沃拉沃拉对阵俄勒冈大学。那是一支优秀的团队。我们队的优秀人物马丁和其他人都被打败了。在链球比赛中，有三个比我块头更大、身体更强壮的运动员，他们和我一样训练有素，其中两个投掷了41.1米，一个投掷了47.2米。我什么名次都没得到。失望之余，我离开了赛场。这时一个老朋友找到了我，是布朗教授。他说："你已经尽力了。"他的意思是当一个人尽了最大努力时，他就已经做得很好了。这真是在对的时间说了对的话啊。

我有一副好嗓子，在教堂唱诗班里唱了几年。但因为我太忙了，所以一直没有参加合唱团。在最后一年，我去尝试了。领队说我应该唱二声部，并告诉我继续唱下去。我加入了合唱团，这意味着我会有一些好的练习和一些有趣的经历。

我当田径队长的那一年，我们获得了第一个校际田径比赛胜利。然而我的运气不太好。在400米赛跑比赛中，我打败了对手，在接近终点时超过了他，并注意领先他1.83米，这是比赛规则。但裁判乔·吕彻，从惠特曼毕业的，认为我扭转败局时，领先距离少于1.83米，并叛了我犯规。这意味着我的对手而不是我获得了第二名。

怀拉普离惠特曼学院有9.6公里，这里是惠特曼烈士的坟墓和纪念碑所在地。有一次假期，教拉丁语的鲁比教授和公理会的莱斯牧师，邀请我们几个学生一起去怀拉普散步。我们参观了陵墓和纪念碑，吃了烧烤，鲁比教授和莱斯先生提议玩热手牌，这是一种在惠特曼男孩中很流行的游戏。他们犯了错误，按规则要接受惩罚。海尔姆和我狠狠地打了他们，把他们打痛了。

轮到我们接受惩罚的时候，他们也狠狠地打我们，但我们觉得他们的手应该更疼，比我们疼得多。因为没玩多久，他们就不再玩热手牌游戏了。

约瑟夫·比文曾担任第一浸礼会的牧师，后又担任第二浸礼会的牧师。他是我们的好朋友，尤其是我的好朋友。我还保存着毕业时他写给我和埃尔米纳的信。他的女儿也是我的好朋友。当我决定成为一名牧师并学习神学课程时，他是我的导师，并帮助我进入罗切斯特神学院。在他去世前，我们保持着偶尔通信的习惯。当他80岁时，他知道自己的时日不多了，让人给自己拍了照，并让女儿格蕾丝寄给我（他称我为他的男孩）。他在信中写道，直到生命的最后一刻，他都非常想我。格蕾丝一生未婚，在她父亲病重的最后几年，一直是她在照顾。

奇怪的是，在惠特曼学院，我对科学不感兴趣，也没有做过科学研究。如果有人告诉我的同学，我将成为一名科学家，他们会嘲笑那个人。我主修心理学、希腊文《新约》，又在我的好朋友和老师威利夫人的指导下，研究希伯来文《旧约》。

网球场在从思远楼到雷诺德宿舍楼的小路附近。有一天，我穿着短袖运动服和丝绸短裤在打网球。戈布小姐（女生宿舍楼的总管）走了过来。她吓坏了，让彭罗斯校长第二天在教堂里宣布：任何人打网球时都不能穿运动服。戈布小姐，要是她看到今天的女孩子打网球时穿的衣服会怎样想呢？不过，她是我非常要好的朋友。

有一年，沃拉沃拉举行了盛大活动来庆祝喀里多尼亚节。庆祝活动中有一场田径赛，惠特曼男子田径队也被邀请参加。田径项目有四项：铅球、撑竿跳高、跳高和掷铁饼。我在所有这些项目中都获得了第一名，因此在田径赛中获得了总分第一名，奖品是一枚镀金奖牌。然后我参加了800米赛跑。两名惠特曼的男子，短跑选手约翰逊和拉萨特，以及一名来自沃拉沃拉的男子也参加了比赛。起初，他们以轻快的步伐出发，我是最后一个。还没跑完半程，我就超过了拉萨特和约翰逊，但另一个人仍然在我前面。他开始觉得累了，回头看了看我。我渐渐追上了他，超过了他，跑完全程还领先15米，用时2分8秒。

有一年冬天，我们四个人决定玩"野兔与猎狗"的游戏。我们要跑8000米，穿过乡间，到达密尔希利河一边的公路，再穿过一座桥，从密尔希利河另一边的路上跑回来。我们扮演"野兔"，"猎犬"则由两个短跑选手扮演。我们在前面跑，很快就看不见了。当我们穿过密尔希利河时，我们发现"猎犬"已经抄近路绕过了广场，离我们很近了。我们又加速前进。路上遇见两个农夫。我对农夫说："麻烦你们告诉后边的人，我们走了哪条路。"我穿着白裤子和黑红条纹的毛衣。农夫们用奇怪的眼神看着我们。当"猎犬"跑过来的时候，他们说："他们从这条路跑了，需要我们帮你们抓捕他们吗？"沃拉沃拉州监狱里的囚犯也穿着条纹衣服，农夫以为我们是囚犯。

那年我们举行了全校田径运动会。就在前一年，四年级学生阿部·加洛韦在与爱达荷大学的比赛中赢得了1600米长跑冠军，他到处夸耀会打败我们。我们为此制订了一个比赛计划。霍华德·梅里特是一名出色的长跑运动员，有一段时间，他保持着1600米长跑太平洋海岸纪录，我记得是4分21秒。我们一致认为，霍华德跑在最前面，其余人跟着他跑，并和他保持一定的距离，这样后面的人就不能超过他。我必须紧跟在亚伯的后面，直到第四节过半的时候，霍华德到达终点。在我们前面还有四五个人时，我离开了亚伯，竭尽全力向终点跑去，最后超越了所有的人。除了霍华德，我是第二个到达终点的人。

科尔曼教授是一位优秀的英语教师，仰慕者众多。但就是他的课，使我曾经有过的写诗或写散文的冲动都熄灭了（也可能是我的错）。毕业后，我再也没有写出一首好诗，甚至没有尝试过。下面这首可能不是我写得最好的诗，但它反映了我在一个寒冷多风的三月春分前后的心情。

春 分

哭啊，吹大风
鞭打跌倒的儿女，

狂怒地吼叫
沿着沉闷的小巷。
你的愤怒多么响亮，多么刺耳，
你的声音多么狂野古怪；
整个森林都在颤抖
河就是土地。

吹啊，愤怒的风
对抗疲惫的灵魂，
苦苦挣扎地慢慢向前
向着远方的目标。
你使这条路更难走
我们在路上摸索；
你冰冷的呼吸妄图冷却
我们希望的热情。

吹啊，愤怒的风
但我们继续前进，
尽管路途艰辛
我们的进展缓慢。
散发着光，
风雨交加的路途
通向锡安之希望。

这首诗在某种程度上表达了我的观点。

罗切斯特神学院

1908年,我以倒数的成绩从惠特曼学院毕业,获得哲学学士学位。班上85%的学生是优生,包括二等优生和一等优生。除了球类运动、田径运动和合唱团的活动,我在学校最后一年,还有时薪15美分的工作,教堂和基督教青年会的工作。我以0.5分之差错过了评优。那年夏天,我把钱付给了惠特曼学院的会计乔治·拉奎亚,结束了欠债65美元的状况。

像往常一样,我在农场里忙得要命,耙地,喂牲口,打谷子……打谷子时我还得缝麻袋,每天挣4美元。

几所新英格兰地区的公理教会神学院写信给G教授,让他问我是否愿意去安戈神学院教新生希腊语,年薪大约300美元。约瑟夫·比文建议我去纽纳的罗切斯特神学院,在那里我有与浸礼会的领导们相处的机会,他提到那里有著名的斯特朗校长。我写信给斯图尔特院长,说安戈神学院想聘请我,并开出了优渥的条件。他回信说,罗切斯特神学院不能给我提供教授希腊语的工作,但会给我一笔奖学金,比一般人多50美元。所以我决定去罗切斯特神学院。

我买了票,托运了行李箱。我需要在彭德尔顿换车。我没有买卧铺。在彭德尔顿车站,我遇见了罗伊·佩林格和歌德·伍德沃德。我们斜靠在长凳上，一边聊天、一边等车，聊了几小时。

我还要在芝加哥换车，那时慕義也在芝加哥探亲，和当时的男朋友在一起。我在城里停留的时候，她对男朋友生出一种厌倦感，这暗示着他们的爱情将无疾而终。这似乎很奇怪。

最后，我在罗切斯特车站下车，向警察问路："神学院在哪儿？"他说："我不知道镇上有神学院。"我猜想，罗切斯特神学院肯定是一所名不见经传的小学校，但很快发现我错了。

我到神学院时，遇到了斯图尔特院长。他把我介绍给了华莱士·佩蒂和其他人。佩蒂兄弟——华莱士和雷——和罗斯、比文一样，都来自洛杉矶，比文是约瑟夫·比文的侄子。佩蒂兄弟在神学院很很受欢迎，他们的父亲是太平洋西北地区外交使团的秘书。

到神学院没几天，贝特里奇教授来找我，让我加入委员会，星期天带领学生们去费尔波特老人院主持仪式。他说："这一趟你先自己去吧，以后找不到其他人的时候，你才需要去。"我去了那里，被介绍认识了慕義，她负责在仪式上弹钢琴。结束后，我们相伴去搭乘有轨电车，各自回家。临走前，老人院的护士长嘱咐："如果找不到别人，你自己一定要来。"

在惠特曼学院，威利夫人教过我们希伯来文。我们学过希伯来文的《旧约》。我翻译了几首短小的希伯来文赞美诗。威利夫人告诉我，如果我选修语法，可能需要在罗切斯特神学院先修满一年的学分。当我把自己翻译的《圣诗》拿给贝特里奇教授看时，他允许我跳过第一年的希伯来文课程，直接开始第二年的学习。这是我的一个失误。第一学期我的希伯来文成绩为85分，第二学期为89分，这是我在罗切斯特神学院拿过的最低的成绩。如果我像威利夫人所期望的那样，没有跳过第一年的学习课程，我的成绩可能会超过95分。结果却是，我在罗切斯特神学院三年的平均成绩只有94.5分。

必须说明的是，在罗切斯特神学院，我很少到外面去打工，所以能集中全部精力学习。但是，学院的学生都很认真，他们的状态也很容易感染我。虽然我学习很努力，偶尔还能拿到100分，但还有很多同学比我考得好。

很多学生愿意周日下午去费尔波特浸礼会的老人院主持仪式。我怀疑其中一个原因是有魅力四射的年轻小姐——慕義在仪式上弹钢琴。这一年，一个神学院的男生邀请慕義参加神学院的聚会，我见到了慕義，但只说了一两句话。

罗斯认识了女大学生哈布尔·斯特顿，他认为她是一个非常漂亮的姑娘。罗斯告诉我，他想和哈布尔·斯特顿订婚，但是他早就订了婚。他把我带到了她家，然后自己走了，留下我们俩。他还有好几次制造机会让我们相处。情人节那天，哈布尔·斯特顿送我一张卡片，上面有十五根彩带，还有一些奇怪的话：如果你已经订婚了，送我某种颜色的缎带；如果你喜欢我这个朋友，送某种颜色的缎带；如果你不喜欢我，送某种颜色的缎带。我没有回复，让这段友谊就此消失。和慕義熟悉以后，我告诉她我认识斯特顿女士，她回答："我希望你不要以她来评判所有的女大学生。"

神学院的主要娱乐活动是打保龄球，每个州都有很多学生打保龄球，均组织了各自的保龄球队。因为有几个学生来自太平洋海岸，所以还有一个太平洋海岸队。我们横扫其他球队。博文是学校最好的球手，有一次他获得了297分——除了最后一击，其余全中。罗斯排名第二，我以自己的最好成绩排名第三。

我加入了一支由10个一年级学生组成的福音乐队。乐队经常去附近的镇子演出。我们一般在周五出去，住在成员家里，轮流布道。周六和周日下午，我们会去看望镇上的人们。这个团队里有阿隆泽·佩蒂、布朗利、沙帕、赫塞尔、加曼、H. O. 哈里斯、劳埃德等，有时我们会收到良好的反馈，总结好的经验。

神学院的住宿条件很好。每套宿舍配有三间卧室，还带有一间有三张独立书桌的公用书房。这样一来，每个学生既可以有两个室友，又有隐私空间。我的室友是杰西·鲁尼恩和L. 福斯特·伍德。鲁尼恩来自丹尼森，和比他大十岁的女教长订了婚。福斯特·伍德毕业于罗切斯特大学，是个运动员，也是个学者，一个非常优秀的人。当他听说我赢了链球比赛时，请我去罗切斯特大学做古德塞尔的教练。我很高兴地接受了。古德塞尔的体格很好，如果他经常训练，可以把链球投掷到41米或45米远。但他有时不来练球——有人告诉我，他跟女孩一起出去了。他以38米的成绩打破了大学纪录，并在与另一所大学的比赛中赢得了第一名。

华莱士·佩蒂有一个卖打字机的朋友。他说服一些学生用分期付款的方式购买打字机。我买了一个。打字机在神学院是新生事物。斯图尔特院长听说了这件事，就把学生们一个一个地叫到他办公室。他问我："你买了打字机吗？"我说："是的。"他说："学校不准学生买打字机。我们每年会扣减你50美元奖学金。"他真的这样做了。为了挣回这50美元，我找了一份擦盘子的工作，贴补我的伙食费。年底，我接受了卡尔顿浸礼会教堂的牧师职位，这个教堂现在叫作布里奇浸礼会教堂。

在神学院的一次聚会上，我邀请了一个女大学生——莱拉·史密斯。她是个好女孩，也是学生志愿者。池维谋在第二浸礼会教堂发表演讲时，我和雷·卡门在一起，遇到了莱拉·史密斯。我对莱拉·史密斯说："今晚我可以送你回家吗？"雷·卡门的性格中充斥着男性荷尔蒙的一面，他偶尔会展现出来。在当时的情景下，他直勾勾地盯着莱拉·史密斯，并露出别样的神情，仿佛是在看一件他这辈子见过的最好笑的东西。他等着她的回答。她看着他，慢吞吞地、不慌不忙地说："好……吧……，我……很……高兴……你……这……样……做，但……我是……来……听……讲座……的，我不想没听完就走。"然后她和卡门转过身去。五岁孩子都知道我也是来听讲座的，我想她也知道，所以我被激怒了。我们再也没有见过面，直到我第一次休假的那一年，那时和我在一起的还有慕义和孩子们。

1909年秋天，我和慕义订婚后，莱拉·史密斯问慕义："你将来有什么计划？你的计划就这么确定吗？是订婚吗？他是谁？……"当她得知我们已经订婚了，她用奇怪的眼神看了慕义一眼，还说了没有人比我更好之类的话。

放假期间，我和雷·佩蒂去了克蕾西担任牧师的盖茨教堂，做了为期两周的布道活动。我在一个叫吉姆·埃文斯的铁匠家里受到款待，他说牧师们都很虚伪。当我被介绍给大家认识时，他说："我的手很脏。"我说："没关系。"然后我和他握手，这给他留下了很好的印象。

一天晚上，当我进到卧室时，注意到卧室门外的桌子上有一个钱包，里面装满了钱。虽然我当时觉得这很奇怪，但并未多想。一周后，教堂要我搬到别处去，但吉姆·埃文斯要求我留在那儿。他说我很好，既没有打扰他的妻子，也没有偷他的钱。在第二周结束时，吉姆加入了教会。在他有生之年，我们一直是很好的朋友，他也成了一个虔诚的基督徒，优秀的教会成员。

怪人撒迪乌斯·申，是我在神学院的同学。他去费尔波特，喜欢上了慕義，后来又去了一两次。他是个怪人，有时他会一言不发地走过一两个街区。他的成绩几乎一直保持在99分或100分。我和他是好朋友，所以当他收到慕義的回复后，他把信拿给我看，征求我的意见。信里几乎没有接受他的意思。当他征求我的意见时，我说如果是我的话，我会放弃那个女孩。他没有接受我的劝告，那封信使他很苦恼。

在最后一个周日，当我应该送神学院的学生去费尔波特布道时，我能派去的人只有申。我知道慕義不想让他去，所以我自己去了。我经常去她家拜访。她带我去教堂，吹奏管风琴。她觉察到我对家的思念，便适时地演奏起赞美诗的曲子。她总是以一种非凡的方式感应我的需求。我在她家吃了晚饭，一起去了教堂，还在晚饭后在她家聊了会儿天……不知何故，我们之间的默契一直延续到现在。当我离开她家的时候，我们约定我会在一个星期内回访，相处一整天。我们深切的默契不在言语中，而是在离别时的眼神中。

慕義和我都是学生志愿者，又都在神学院学习①。她是一位基督教的干部。5月15日，我们在乡下走了很长一段路。那时正好是春天，天气很凉爽，我穿着大衣。我们穿过树林，越过田野。走了一会儿，我们就在路边

---

① 慕義1908年毕业于罗切斯特大学。从罗切斯特大学毕业后，慕義又在罗切斯特神学院选修课程，与葛维汉有共同学习的经历。

坐下休息。我脱下外套，铺在地上，我们坐在上面聊了好长时间。聊天的时候，我说如果她和我一起去中国，我会很高兴的。

当时情况如何，我和慕義各有说辞。我说我用眼角余光看着她，她脸红了。她承认自己脸红了，但说我没有看她。如果她脸红了，我肯定会看见的。谁的话更可信呢？

那天晚上我们确定了婚约。夏天的时候，厄尔塞勒斯夫妇邀请慕義去他们家做客，我们一起去了几次。我们划船或开车穿过乡村。初秋的时候，慕義邀请她的女朋友们开了个派对，宣布了我们订婚的消息，这让所有人都大吃一惊。神学院的男孩们则说："我以为她已经订婚了。""你到底是怎么做到的？""她有一手好厨艺。"撒迪乌斯·申认为我一定是对她耍了什么卑鄙的花招。

那年年底，我被派往纽约，在华莱士·佩蒂所在的新教堂讲道。我看到了这座城市的许多奇观，见到了盖尤斯·格林斯兰，还和他一起在联合神学院上了一堂课。我看见了熨斗大厦——全世界闻名的纽约市最高的建筑物。

我们有许多优秀的老师，其中有教《新约》的老师、教《旧约》和希伯来语的贝特里奇博士、著名的神学家斯特朗校长，以及教历史的聋哑老师沃尔特·道肖布施教授。后者是一位伟大的社会改革家、作家和优秀的教师。他对学生们很友好。我听沃尔特·道肖布施的一些学生说过，他是他们所见过的最虔诚的基督徒。

斯图尔特院长很威严，也很严肃。然而，除了削减前文提到的那50美元奖学金，他是我一个很好的朋友。一个学生说："他虽然外表严厉，但有一颗大象的心。"从他那里，我学到了什么是礼貌，尤其是牧师们的礼貌。

教演讲的西尔弗内尔老师很受人尊敬，也经常被人开玩笑。他能朗诵故事和诗歌来娱乐大家。

卡尔顿的教堂很小，除了在街角开商店的班伯尔家和一个当邮政局长的长老会教徒，所有人都是农民。桥对面有一个小型的长老会教堂，但后来解散了，第一批成员中的很多人，来到了我们的教堂。有名的家族有托尼斯家族、哈尔·卡勒斯家族、艾伦家族等。

除了上主日学校的课,每个星期天我还给两个牧师布道。我星期五晚上出去,星期六和星期天下午步行去拜访教堂的成员。那里的人都很友好,很欣赏我,他们都成了我的朋友。

我经常在捕鱼季去钓鱼。有一次,我不知道当时不是捕鱼的季节,就去钓了,而且还钓了几条鱼。和我住在一起的萨顿先生告诉我,捕鱼的季节还没有到,我便把鱼放回了河里,因为它们还活着。萨顿先生认为我很愚蠢。

让我们回到我刚到罗彻斯特神学院的时候。一位友善的高年级学生志愿者切尼,带着我和雷·佩蒂参观了动物园。这是罗切斯特神学院对新来的学生表示友好的方式。在动物园里没走一会儿,我们靠近一个羊圈,里面有一只美洲羊驼。当美洲羊驼看到我们时,它走到羊圈边,挑衅地向我们伸了伸鼻子。切尼说:"你这莽撞的家伙。"说完,他把脸伸到羊驼的面前。那畜生哼了一声,湿气和污物从它鼻子里喷到了切尼先生的衬衫和衣领上。佩蒂和我差点笑破肚皮。

在那一年里,我的星期天是自由的,我和其他学生一起参观了精美的浸礼会教堂,还有最好的长老会、公理会和卫理公会教堂。我听了一些很好的布道。

星期天,我偶尔去乡村或小镇的教堂布道。有一天,有人请我去斯特林布道。但星期六到斯特林的火车只有一趟,坐火车之前,我先要在特定的时间乘坐有轨电车去火车站。电车来了,里面挤满了人,外面的台阶上也挤满了人。列车员喊了一声"坐下一趟!",便开走了。等我坐下一趟电车赶到火车站时,火车已经开走了。我闷闷不乐地走进车站,同站长攀谈起来。他问我:"你是共济会的吗?""不是,但我父亲是。"他又问了些问题,以确认这是真的。他告诉我,他是三十二级的共济会会员。他说有一列货运火车会整夜行驶,能在第二天10点之前到达斯特林。一般人是不允许乘坐那列火车的,但因为我父亲是共济会会员,他和刹车员商量好,让我坐在车尾。在礼拜开始前不到一个小时,我总算到了。这也是我从共济会获益的许多事中的一个。

斯特朗校长休假了，玛比博士被请来代课。在玛比博士的指导下，我修了一门哲学课程，我在惠特曼大学主修哲学。最后，玛比博士称赞了我的学业，并在给斯特朗校长的信中引用了我在考试中写下的一些文字。他给我的分数是97分。

在用作会议接待的大厅里，有一块精美且昂贵的地毯。如果你用脚摩擦它，然后触碰某人，就会产生静电。但是院长或监督场地的人员在监视着，只要有人在地毯上蹭脚，就会被叫出来。房间里没有会议时，总是被锁着。学生们称它为"神圣的地毯"。学校搬到现址后，地毯被切成了几大块，旧的禁忌也没有了。现在房间门一直开着，而地毯看起来还不错。

夏天的时候，我和慕义互相写信，每天一封。有一天，我给慕义的信没有按时送到，她担心我忘了写信。

1908年，我到达罗切斯特不久，就去邮局买了价值两比特（1比特等于12.5美分）的邮票。职员看着我，迷惑不解地问："两比特是多少钱？"这让我觉得好笑。当我回到寝室时，我告诉了室友鲁尼恩和福斯特·伍德。鲁尼恩迷惑不解地问："那两个比特到底是多少钱？"

我在神学院第二年的时候，慕义和我尽可能多地在一起。我会去她家拜访，她也会在有特殊场合时到神学院来。我们带着午餐去逛高地公园，那时的高地公园很漂亮。我们还去听了舒曼·海因克的演出，去看了莎士比亚的戏剧。我们经常会沿着大学大道走到卡尔弗路，在那里可以从电车换乘城际车。我每周五晚上去卡尔顿，每周六去看望那里的人，每次步行几公里。教会成员都很友好。那时，马塞勒斯家族、托尼斯家族和爱丽丝家族也在其中。神学院里常有聚会。

随着时间的推移，慕义和我决定结婚，享受在神学院的最后一年。当时神学院有一条规定，如果学生单身进入神学院但在毕业前结婚，那么他将不能继续拿奖学金。我和斯特朗校长谈过了，他让我尽己所能写一封申辩信，他会把这件事提出来。经过一场漫长而认真的辩论，学院允许我们结婚，并且不取消奖学金。

慕義家是我所见过的最好的人家之一。他们家开了一家干杂店,慕義的爸爸是浸礼会教堂的执事。他们家非常好客,许多人都喜欢去那里,而慕義的父亲,在社区里也很受尊敬。我从未见过一个家庭能如此完美而和谐地生活。孩子们不记得父母吵过架,孩子们也从不吵架。他们对我很好,从来没有岳父岳母像他们这样善待未来的女婿。我的岳母是我最好的朋友之一,岳父也是如此。还有慕義的奶奶,她受到全家人的爱戴。

定下婚礼日期后的一天,我去看慕義。慕義的奶奶进来了,给了我一块漂亮的金表,让我非常惊喜。

我们在1910年6月7日结婚。这是一场教堂婚礼,教堂里挤满了人,有慕義的父母和朋友们。新娘收到许多礼物,如雕花的大玻璃盘子,等等。仪式

葛维汉与慕義的结婚照(摄于1910年)

由凯尼恩牧师和比文先生主持，然后慕羲家举办了派对。这场婚礼花费了慕羲父母500美元。慕羲看起来很甜蜜。哈罗德·巴尔斯，现在已经是一位医学博士了，是我的伴郎。

我们乘火车去了沃森溪谷，但到达时溪谷已经关门了。我们便找了一家旅馆待了一晚，第二天赶去卡尔顿。我在那里租了一间小屋，屋子在一条小溪旁，溪流之上有座小桥。在那里的第一个晚上，男孩们为我们庆祝，打罐头，敲钟，射击。我知道他们是在给我们助兴，但教会成员认为我们受到了不公平对待，提出了反对意见。

婚后的那年夏天，我们经常一起划船和钓鱼。我们有时会钓到上等的梭子鱼、普通的梭子鱼和其他的鱼。慕羲的父母、妹妹朱尔和哈丽特来看过我们。我们玩得很开心。做饭的炉子是一个小得可怜的油炉，要花两倍的时间做饭。慕羲做饭的时候，我给她读莎士比亚的作品。我们根本不需要买蔬菜或水果，因为邻居或教会成员给了我们足够多的蔬菜和水果。

一天，慕羲和我正看着窗外奔流的小溪。桥下露出了一个巨大的头，我们认出是一只大鳄龟。我跑去拿了一根有大钩子和结实绳索的杆子，在钩子上放了一块肉。慕羲告诉我，把钓索扔到水里等着。不一会儿，有什么在拉拽绳子，紧接着绳子被拉了起来，是一只20多斤重的大鳄龟。我没法把它拉出来，这时有一个人坐着小船过来了，帮忙把鳄龟拖进了船里，放在船的一头，向岸边划去。我们把它安置在地下室。当我把1厘米多厚的木板放进它嘴里时，它把木板撕裂了。

秋天，我们在阿威利尔大道租了一套公寓，整个冬天我们都在家，走着去神学院又走着回来。我想说，那一年，我的学习不是很好，但事实上，第三年我得到了最高分和最高平均分。

快到年底的时候，我去了波士顿，参加外国宣教委员会的面试，并最后被纳入去中国传教的队伍中，我们还自费参加了北方浸礼会大会和浸礼会世界联会。

大学最后一年时，每个学生都会在教堂布道，教堂人员会因此表扬或批评他们。我坚定地表明，如果基督教完全实行，它将解决我们的社会问题，纠正我们社会的错误。一位教授批评了这一说法。他说，眼下我最需要的就是加深对上帝的认识。我们当然需要认识上帝，但我相信我的说法是对的。

我是在费尔波特浸礼会教堂被任命为牧师的。史密斯·慕雷是主持牧师，他开始宣读他的声明："我，这个教堂的牧师，召集这次集会……"一个没受过多少教育的人问我，是否相信有心魔。我说有一些问题我还没有解决，这就是其中之一。接下来的讨论会，我须回避，这个人在会上说，一个人从神学院毕业时，应该知道所有问题的答案。斯图尔特院长回答：一个毕业生如果知道自己并不是什么都懂，而且还有更多的东西要学，这很好。

斯图尔特院长邀请我们在夏天时和他的两个儿子一样，住在家里，我们在那里打包前往中国的行李。

在我们西行之前，所有的传教士都被召集到波士顿，接受一周的传教士生活指导。费尔波特浸礼会教堂为我们举行了盛大的告别会。

我记得在我们结婚后，慕義的奶奶含着眼泪走过来对我说："对我的女孩好一点儿。"

我最后考试的科目是牧师神学，老师是斯图尔特院长，他非常严格。每堂课有1—10个或更多个要点，每个要点下再细分为A、B、C等次要点。在一次课堂上，一个要点被细分为A—P个次要点。听课时，斯图尔特院长敦促我努力学习，因为有人拿到过很低的分数。我努力记住了每一个要点及其细分的次要点。考试时他要我回答那堂课的要点，我给了他从A到P的全部内容，我的分数是100分。

道肖布施博士是最受我们喜欢的教授之一。他是个进步主义者，非常善良，信奉基督教。一些学生说教授是他们见过的最虔诚的基督徒。毕业后的一天，我在火车站时正碰见他从火车上下来。他看见了我，就过来问我们的计划。最后一次与他面谈时，我告诉他，我对他教的教会历史非常感兴趣，希望继续学习。他回答说："你将创造历史。"

在罗彻斯特和费尔波特行过告别之后，我们又去了芝加哥。在那里，其他传教士和我们会合了——唐彼美（C. E. Tomphins）博士和太太、弗瑞德先生和史密斯太太、我在神学院的同学布罗姆利和太太、他的同学乔伯斯小姐、在中国西部做第二期传教士的佩奇小姐，以及坎贝尔小姐，她的父亲也是一位华南的传教士，我在沃拉沃拉就认识她了，还有杰西小姐。在逗留的每个教堂里，大家布道演讲了几分钟，给人留下了深刻的印象。我们在西行途中还去了其他一些重要的地方，其中一个是科泉市，在那里我们遇到了后来担任外国传教会外交秘书的普拉纳克林博士。我们受到了很好的招待，被安排去了众神花园，乘坐火车沿着一条铁路登上了曼尼托山，途经小站阿尔胡尔库，看到了印第安人。布克·华盛顿也在这列车上，我们被介绍给了他。

在加利福尼亚州，我们还在波莫纳、洛杉矶（我在那里遇到了雷·帕蒂）和旧金山做了演讲。负责太平洋海岸的外国传教会秘书阿瑟·莱德先生加入了我们的队伍，一直陪着我们到起航地旧金山。我们参观了一个鸵鸟农场，一片有名的红杉林，还有一片美丽的橘子林。

1911年9月的一天，当船起航时，莱德先生来到船上，带领大家祈祷旅途平安快乐。当我们第一次离开"美好的老美国"时，码头上许多人向我们挥手道别。我们驶出金门，进入太平洋，开始了去中国传教的旅途。蒸汽船名叫西伯利亚号，它在檀香山停靠，在那里我遇见了大学时期的朋友玛丽·斯丹博和蕾奥拉·沃尔星顿。

船上安排了许多活动和偶尔的聚会，生活非常愉快。我们在船上游戏、比赛、和许多有趣的人聊天。船上有一位年轻的基督教青年会秘书和他的妻子，也要去中国。一天晚上，他和我在船头的上层甲板上一边聊天，一边看着大海。一个巨浪打在船头上，把我们浇得湿透了，我们不得不回房间换衣服。

前往中国

20世纪初,基督教会有两项重要运动——学生立志布道运动和平信徒宣教运动,对教会和异域产生了重要影响。因为学生立志布道运动,每所大学和神学院都聚满学生,其中不乏一些别有目的的学生,如果上帝允许的话,他们想以传教士身份去往外国。同时,信徒中也掀起了旨在为这个运动筹集资金的平信徒宣教运动。随着这些运动的发展,基督教新教教堂的数量在世界范围内大量增长,基督教社区几乎遍布世界上的每一个国家,基督教变成了世界性的宗教。传教士协会和当地的基督徒合作并逐步统一,改变了整个新教教会的气氛。这使得许多国家成立了全国基督协进会等组织,绝大多数新教教徒都能和谐相处,进而相互合作。

许多朋友通过海运给我们写信,祝我们旅途愉快、成为成功的传教士。有些传教士的妻子也是传教士,他们一起做了很多传教工作。在教会外,家庭是最大的传教力量。

在海上,我们从收音机里得知中国发生了一场革命①。是在日本停留,还是直接去上海,我们有些迟疑。最后,我们决定直接去上海。上海的租界

---

① 这场革命是指1911年10月10日在湖北武昌爆发的辛亥革命。

有陆军和海军的保护,在那里,我们可以学习中文,并为之后在中国的工作做一些准备。

在日本的横滨和神户,我们短暂停留时,遇到了唐茂森(John F. Thompson)医生、迪尔林医生及其他在日本的传教士。我们参观传教士的家、逛商店、乘坐黄包车,东方之旅由此开启。有一次,我和慕義走在街上,我挽着她的手,就像在美国时一样。这时,唐茂森医生走过来对我们说:"记住,你们是在东方,东方人不这样做。"我们在神户玩得很开心,出发去往中国之前,还在浸礼会一个教友家买了一套日本茶具。那是一套精美的日本瓷器,后来我们在中国用了很多年。

到上海后,华东和华西的浸礼会传教士见了我们。之后,慕義和我被带到魏馥兰(F. J. White)校长的家里,慕義与他在罗切斯特神学院时就认识。我们很快便开始学习语言,一种来自四川的汉语。

葛维汉夫妇在上海跟随中文老师学习中文(摄于1911年)

上海浸会大学，也就是后来的沪江大学（今上海理工大学），由美国南、北浸礼会联合管理，曾是中国最好的基督教学院之一。这是一所男女同校的学校，多年来，95%以上的毕业生都是基督徒，他们中的许多人还成了重要的基督教干部。后来，每次经过上海，我都会去探访这所学校，也做过一两次教堂礼拜仪式宣讲。在第二次世界大战期间，该校迁至重庆，我是学校的理事之一。

在学校里，布莱恩博士辅导我们的中文。他是一位中文专家，在如何学习中文方面给了我们很多建议。

在中国

我们到上海后,有消息说中国的革命军节节胜利,战争随时可能打到上海,人们都很害怕。美国陆军和海军给大家提供了步枪,许多美国人拿了枪之后在大学校园里练习射击,我也是其中之一。

我们到达一周后,上海兵工厂的枪声几乎响了一整晚。次日清晨,兵工厂就投降了,上海落到了革命军手中。第二天,城里出现了极其有趣的一幕:所有的商店都挂起了白底黑字的牌子或旗帜,上面用中文写着"中华民国万岁"。

华西的传教士都被撤离到上海以躲避可能的战乱。他们担心华东差会抢走新来的三个传教士家庭——史密斯一家、燕思思一家(the Jensens)及葛维汉一家,于是在老靶子路租了一栋三层楼的房子,让新来的传教士与老传教士们住在一起。从四川撤回的传教士没有带家具和碗碟,因而与新传教士们共用。我们一家与切尔尼一家及沙奎斯特夫人住在一起。

在上海浸会大学的时候,慕羲不用做家务,所以她有时间学习语言并有很大的进步。搬到老靶子路后,她必须轮流做家务,又因为碗碟等餐具是我们提供的,所以几乎随时都需要她。这样一来,她就不能以之前的速度学习语言了。我们的一些碟子被打碎了,一些桌子也被刮花或用旧了,所以老传教士们也尽量做了补偿。

每天上午9点到下午4点,我都在学习语言。之后出去散步或坐黄包车时,我也随身带着写有词语和句子的纸条复习,直到我记住它们为止。晚上没事时,我也会学习语言。我还在基督教青年会教授《圣经》。星期天早晨,我常去中国教堂听中文的宣讲会。莫尔思医生说:"你这样会累死自己的。"但我的身体很健康,没出现过问题。弗瑞德·史密斯与燕思思(Joshua Jensen)则投入更多精力到当地的工作中,这一定程度上妨碍了他们的语言学习。到第二年即1912年秋天,通过一年的语言学习,我已经可以用中文做简短的演讲了。

许多传教士都会去当地的一个联合教堂参加英文的礼拜仪式。在那里,我们可能会遇到来自中国各地的传教士。我曾在那儿听过贝施福主教及一位有名的卫理公会教派传教士的布道。这位卫理公会的传教士也是一位作家。

我和慕羲发现她在芝加哥时的前男友当时就在上海,而且已经结婚了。我们邀请他们夫妇来我们家吃晚餐并住了一晚。他们在上海做信心差会方面的工作。

在上海,我们经常出去散步、购物,或者坐着黄包车观赏景致,也趁机练习中文。偶尔,我们也会在星期天去上海浸会大学走一走。

当时,中国正遭遇革命的动乱,直到1912年秋天,大家才敢去华西。但是,我们家不得不再推迟几个月出发,因为要迎接即将出生的玛格丽特。

抵达中国一年后的春天,一所专供在中国传教的传教士学习语言的专修学校设立于上海。学校给初级、第二级,我想还有第三级的学生准备了语言课程。我当时汉语进步很快,已经可以完成初级和第二级的作业,这使得我的语言学习兴趣又提高不少。

当时在中国最有名的传教士作家是明恩溥(A. H. Smith),他是《中国乡村生活》(*Village Life in China*)、《动乱中的中国》(*China in Convulsion*)、《中国人的特性》(*Chinese Characteristics*)等书的作者。

他获得了惠特曼学院的荣誉法学博士学位。他来过我们家，我们相谈甚欢。他说他的《中国人的特性》一书已经过时了，因为书里说中国人不爱国，但最近发生的事情证明了他们是十分爱国的。他建议我阅读关于中国的书以及《大英百科全书》里关于中国的所有词条。

秋天，我们去了绍兴，住在高福林（F. W. Goddard）夫妇家，等待玛格丽特的出生。布罗姆利和他的妻子、厄福德夫妇、唐宁小姐，与我们住在同一个城市，我们经常一起打网球。偶尔，我会借高福林博士的12号猎枪及靴子，与布罗姆利、厄福德一起去乡下打猎，时常带些野鸽子和野鸭回家。

某天，我们又出门打猎，遇到一位农民，我们问他是否看到过野鸭。他说看到了，有好几千只。我们觉得此事不太可能。后来，我们遇到乌泱泱一大群鸭子，估计有几万只，像乌云一样从我们头顶飞过，让我们大惊失措。我急忙举起猎枪，扣动扳机，朝着天上的野鸭群一顿乱扫，打下了8只，而且都被找到了，连同后来打下的3只掉队的野鸭，让我们第二天在绍兴享受了一顿美味的鸭子大餐。

去乡下旅行时，女士们会坐着轿子同去。有一天，我们去爬了一座大山。还有一天，我们去参观了一座寺庙，位于大禹陵附近，传说大禹修筑堤坝治理了黄河水患。

我常出去购物，买一些古钱币及小饰品。我们也去教堂，我发现只要细心聆听，我已经能够听懂大部分本地方言的布道。

1912年1月22日，玛格丽特出生的当天，我们给她拍了照片。等到慕义完全康复后，我们才返回上海。沿着通往杭州的运河，我们偶尔会看到野鸭。当玛格丽特哭泣时，她叫嚷着："啊，啊，啊……"在绍兴语中，鸭子的发音也是"啊"，所以船夫说玛格丽特是在呼唤野鸭。

从上海往返绍兴均途经杭州，我们来回停驻了几天，与慕义的老朋友艾达·威肯登、黛西·伍兹待在一起。她们是非常可爱的姑娘，后来都得嫁良人。我们游览了极负盛名的西湖，参观了雷峰塔，还买了几个小盘子。有几个本来是用来装扑面粉的小盘子，我们用它们来装食盐。

有一天，我们去海湾，见到了著名的钱塘江大潮，潮头高达6米。

在绍兴时，我和布罗姆利、厄福德去了一次乡下，他们卖掉了几本福音书，每本10个钱币并免费赠送一张图卡。绍兴一带的某些船只被称为脚划船，因为船夫用脚而非用手划船。

我发现杭州话和四川话很相似。

1913年1月1日，我们从绍兴出发去上海，乘坐的是唐宁小姐的船。

威肯登小姐嫁给了贾斯蒂斯·尼克松博士，一位杰出的基督教干部，曾在罗切斯特神学院任教，也在罗切斯特的长老会担任过一段时间的牧师。我听他给一位受众讲，当他初次遇到他妻子时，她还是一位国外传教者，后来他说服她成为一位国内传教士。伍兹小姐嫁给了一位在《国家地理》杂志工作的摄影师兼作家，他时常四处旅行拍照，并撰写有关世界各地的文章。

慕义一直是最仁爱的母亲，十分宠爱自己的孩子。她时常坐着，将孩子放在膝头，柔声细语地对孩子讲话，孩子也咿咿呀呀地回应，欢乐的气氛令我着迷。她总是情不自禁地大声对我说："她是不是很可爱！"

在绍兴时，有一位来自四川的老师辅导我的中文，所以我的中文一直在进步。

我花了40块银圆从高福林博士那里买了一支猎枪，那是一支单管温切斯特霰弹枪。此后在华西，这支枪陪伴我多年。溯江而上前往叙府（今宜宾）的路上，我用它打野鸽、野鸭和野兔等。

在上海的那一年，中国发生了大饥荒，许多传教士都在赈灾一线工作，其中就有莫尔思博士和约翰·切尔尼。切尔尼不幸染上天花去世了，切尔尼夫人成了寡妇。她回到华西后，在叙府医院当过一段时间的护士。

沙奎斯特夫人的丈夫爱克赛尔在我们抵达中国前就已去世。耳闻了许多关于她的奇闻逸事，大多也名副其实。某次，我感叹道，要是我的后院有一个花园就好了。她回答："如果你想有个花园，你可以去租一个呀。"对她来讲，她的丈夫是最杰出、最有理想的传教士，我们总是不断听她提起爱克赛尔。

高福林夫妇对我们十分友善，总是尽力为我们安排食宿并热诚相待。高福林博士是浸礼会第四代教友，在绍兴创立了基督教医院。这些年来，我们的友谊也一直维持着。

因为我总是挤出时间学习语言，也尽可能多地使用中文，所以在华东的停留对于学习语言来讲也算不得损失。此外，我认识了一些华东的传教士，并从他们那里学到一些传教经验。

在华东，与我们最要好的是魏馥兰一家，我们在上海时总要拜访他们。魏馥兰是一位杰出的传教士，其夫人也是一位优秀的女性和传教士。

我们在罗切斯特时的朋友——葛德基（E. H. Cressy）牧师和夫人，先去了华中传教，华中传教停止后，他们成了华东浸礼会的传教士。再后来，葛德基成为中国基督教教育协会的秘书，对中国的传教工作有十分重要的贡献。

多数从华西撤回来的传教士比三家新来的传教士早回去几个月，新来的三家继续留在华东学习语言。

前往叙府

1913年1月1日,我们离开绍兴。1月30日,也就是中国春节的前些天,我们乘坐一艘日本汽船,从上海去往四川。同行的有希尔德博士及其夫人、弗瑞德·史密斯神父和夫人、燕思思神父和夫人。希尔德是医学博士,准备去雅州。弗瑞德夫妇有一双年幼的儿女。

我带了一位在四川待过的年轻中国小伙子做我的老师,这样我便能继续学习语言。与希尔德夫妇一起回四川的是一名叫刘青兰的年轻人,他在叙府前任传教士布鲁克斯·克拉克的帮助下成了一名护士。每当船靠岸时,我和刘青兰都会到岸上散步。

汽船在武昌短暂停靠,附近盛产精美瓷器,我们买了一些盘子准备带去四川。我的柯达相机不幸被偷,后来在当地一家二手店找了回来。我们也在汉口短暂停留,在岸上散步时遇到了当地的传教士,顺便参观了这座城市。

领航员及部分船员是中国人,在中国春节及之后的几天,他们绝大部分时间都在赌钱。领航员太醉心于赌钱结果没顾上自己的本职工作,导致我们在一个浅滩搁浅,被困24小时。我和刘青兰索性跑去打猎。

汽船一路开到宜昌,之后换乘屋船,每个家庭一艘。我们又在那里停留了几天,等待船长雇佣船员、购买大米、办理护照,等等。我们使用的是从上海申请到的护照。我们拜访了当地的苏格兰长老会和华人福传基金会的传教士。

屋船终于出发了，我们住在船上的一间大屋子里，中国厨师在另一间小点儿的屋子里做饭，船员们晚上则裹着竹席睡在屋子的前后。船身两侧各有一支大桨，如鱼尾般推着船身前进。有的屋船两侧有并排的多支小船桨。舵手坐船尾，老板或船太公坐船头。逆流而上时，船员们便下船，在岸边用竹制纤绳用力拉着船前行。如遇大风，他们则会扬帆借风前进。每当借风航行时，船员们便齐吹口哨；而在岸上拉纤绳时，他们则喊着号子，十分有趣。

天黑时我们停靠在码头边，为了安全起见，许多船会停靠在一起过夜。在我射杀野鸭或鸬鹚时，中国船员们总会露出惊诧的表情。

长江上有几处水流湍急的险滩，经过这些险滩时，两三艘船的船员们就会合作，将船分开，一艘一艘地拉过急流处。为确保安全，此时我们都上岸步行，船只残骸随处可见。

穿越峡谷时，我们遇到了强风，船乘风前进，在航行时间上创造了新的纪录。

有时险滩的水流太急，屋船前进的速度极慢。我们就先沿河向前走，然后坐在岩石上欣赏船只和美景。此时大群的中国人就会围过来盯着我们看。长江峡谷是世界上最壮丽秀美的峡谷之一，最好的观赏方法就是站在船上欣赏。有时，两岸岩石的垂直高度达数百米，此时穿过峡谷的唯一方式是靠船员奋力划船，他们必须用尽全力才行。

慕义与我时常带着玛格丽特上岸散步，或者我独自带着玛格丽特与刘青兰一起上岸。我把玛格丽特抱在怀里，她坐在我的小臂上，脸朝向我的肩膀后方，靠在我身上。显然，她很喜欢这个姿势。

有一天，我们吃过晚餐，不到午夜，我就开始上吐下泻，不久后所有人都病倒了。可能是我们当晚吃的肉导致食物中毒。我最先有反应，也最先康复。最后发病的几个人几天后才完全康复。

长江上有一处奇观，数百米高的悬崖石缝里放着百年前的木棺。

我们在两处发现了化石，我收集了一些，带去叙府。

长江两岸有些地方的岩层暴露在外面，从最底层的花岗岩一直到四川最新的岩层。后来我借了一本《一个博物学家在华西》①，书里详细讲解了四川和长江流域的地质情况。

苏州有一条流向长江的小河，河上有一种弯尾船。很显然，当地的中国人相信将船尾弄弯有助于船在浅水里转弯。

我们在重庆停留了几天并拜访了几位传教士，并换了护卫队。重庆有一种奇观：沿河两岸的房子都"建在支柱上"或者高高的桩子上。这是避免涨水的时候房子被水淹没。夏季时，这里的河水会涨到30多米高。

当我们还在长江溯流而上时，华西的传教士们在叙府开了个会，此次会议决定让史密斯一家去雅州，燕思思一家去嘉定（今乐山），葛维汉一家待在叙府。

我们继续沿着长江上行，在合江县见到一种奇特的风俗。漂亮的中国女子与坐在饭馆里用餐的男人们聊天，并收取一定的报酬。不过，几乎所有的人只聊片刻便会回家。这在旧时中国是件很奇怪的事情，因为那时候中国有男女授受不亲的禁忌。

抵达叙府时，当地的传教士和中国信徒到码头接我们。我们受到热烈的欢迎，一路坐着轿子，鞭炮从码头到教堂一路齐鸣，之后还安排了接风宴。几天后，我们又回请了他们。从这场盛大的欢迎仪式开始，我们将在这里生活和工作近20年。

---

① 此书为英国博物学家E. H. 威尔逊所著，英文版于1913年出版发行，名为 *A Naturalist In Western China*。1929年重版时，易名为 *China：Mother of Gardens*。2015年，广东科技出版社出版简体中文版，书名为《中国：园林之母》。

在叙府

1914年1月6日至13日,我在嘉定举行的华西浸礼会宣教大会上,做了如下报告:

差不多一年前,我们还在长江上,目的地是四川。在屋船的甲板上,我第一次用中文为船员和围观者们做了布道。

1913年4月9日,我们抵达叙府。两周后,我们将一切安顿好,重新开始语言学习。

夏天的几个月里,我和老师主持了主日礼拜,主要是给传教士的用人们宣教。起初,来参加者寥寥可数,后来才逐渐增多。

8月下旬,我们回到城里。不久后,我收了一些英国学生,每星期给他们讲两小时课,得到的报酬于传教工作十分有益。之后,我被选为教会财务副主管。

在过去几个月里,我们每天都用中文做虔诚的礼拜仪式。用人们也有规律地来参加礼拜,偶尔还带一些外人加入。

我被特许在叙府的教堂里做了三次布道。

10月初,我们决定每周在西门楼举行祈祷会,专为那些不能在周四晚参加教堂祈祷会的成员而办。第一个星期四,当我们开始唱赞美诗时,左邻右舍都挤了进来。很快房间里就挤满了非基督徒,我们不得不把祈祷会变成布道会。中国人参与的意愿或者说渴望,让我们想到一个点子:星期四做布道会,星期天下午则做主日学校的礼拜仪式。人们对星期四的兴趣不稳定,但是参加主日学校的人数却迅速增长。从第一次的59人增加到了137人,还不包括临时参与人员。主日学校共分5个班,我很确定学校的规模还将继续增大,我打算在正常的课程外,晚上再开设一些讲座。主日学校的成功也多亏了钱伯斯小姐及女子学校学生们的配合。

没有比叙府更好的传递福音的地方了。三位优秀的福音传教士们的成果将会证明一切投入都是值得的。

葛维汉

天气渐热,到了1914年5月,我们搬到了叙府的山中,住在布鲁克斯·克拉克的别墅里。我把语言老师袁老师也一并带上,他住在旁边为用人准备的土墙房子里。每天,从早上9点到12点,下午2点到4点,我都在学习语言,晚上也学。下午4点后,我通常会带着猎枪四处行走,去打野鸽子,偶尔还有野鸡。

一个安静的午后,我走进别墅旁的树林里。30多米外有一只动物,起初我以为是只黄狗,我吓了它一下,它转过头来,我才发现是一只鹿。我悄悄地用5号鸟弹枪朝它射击。子弹打进了它的耳朵,把它打昏过去了。我快速跑过去抓住它的双腿,它的腿还在轻轻地踢动。我抓住它的头在岩石上猛撞了几下,它才死了。我将死鹿扛在肩上,四肢绕过脖子压在下巴下。我路过用人的土墙房子时,袁老师正在欣赏窗外的美景:两条大河泛着盈盈波光,叙府城与森林清晰可见,千顷良田中水稻绿意盎然。他看见我时,两眼圆睁,大叫:"哎呀!你射杀了一头鹿!"我走到别墅时,慕義也正在欣赏风景。她看到我时也瞪大双眼,做出了相同的反应。我们把一部分鹿肉分给了住在下面的传教士家庭，留下的肉足够吃上好几天。等其他传教士都抵达他们的别墅后，我们在一个星期五的晚上做了一顿丰盛的大餐，才吃完所有的鹿肉。

别墅虽然有守门人，但晚上还是遭了贼。多年后我们才发现，其实那些守门人就是贼。每晚睡觉时，我把枪放在身边，一旦有可疑之声，便起床巡视。一天夜里，发生了一场地震，我以为听到了可疑的声音，便起床抓贼。

溯长江而上时，希尔德博士分给我一些洋槐树的种子。他与我约定各自种在雅州和叙府。后来他没种，但我种的洋槐却快速生长，第二年就开花了。我给叙府其他传教士分发了幼苗。很快，传教士们把幼苗移栽到了嘉定、成都等地。最后洋槐树散布在整个四川。我带去的种子是四川洋槐树的始祖。大约1920年时，一些槐树被移栽到重庆，并向西扩展。

1914年8月底，我们搬回城里。起初几年，我们住在西门，屋后有一个花园。

同年秋天，唐彼美医生开始带我参观教会在外的分站。天气十分炎热，我们轮流坐一乘滑竿，按理说应该一人坐一半的路程，但我让他坐的时间更长。我们沿岷江往上，在月口上岸，然后向西走。这是我在中国走过的最艰难的一段路。路上我生病了，但必须继续在深山里崎岖的小路上带病前行。我们到了蛮峨寺，因为早年倮倮（彝族）曾在此定居过，固有此名。到叙府横江时，我病情加重，只能少许进食。我们乘船穿过奇美的长江峡湾到安边，再到叙府，途中在几个小镇做了短暂停留。在安边时，我躺在床上，唐彼美医生跑来戳我的肋骨与我逗乐，我抬脚侧踢过去，踢断了他一根肋骨。多年后，我们还会拿这件事开玩笑。

路过月口时，我在路边见到一条大黑蛇。我朝它扔了一个土块，它不但没逃走反而开始攻击我。我举起一块4斤多重的石头朝蛇的背部砸去，最终砸死了它。苦力们都惊呆了。20年后，其中一名苦力与我一起旅行时，将此事讲给另外一位苦力。他夸张地说："他砸死蛇的那块石头特别大，恐怕两个人都搬不动。"所以，在原始思维里一个故事可能会演绎得更加神奇。

不久之后，我与唐彼美医生穿过南六县①，到叙府南部参观了多处教堂与分站。

第一年里，唐彼美医生允许我花足够的时间学习，并给我安排相应的工作，锻炼我的语言运用能力。我在教堂里做的第一个布道给大家留下了很好的印象。

在叙府时，我们家的牛奶都是从一个中国牛奶贩子手里买的。虽然我们当时养有一头奶牛，但产奶量很少。玛格丽特喝的就是从他那里买来的牛奶，我们总是煮热后给她喝。但是到了秋天，玛格丽特的身体一点儿都没有发育。我有一个检测牛奶的验乳器，一边指向水，另一边指向优质牛奶。一日清晨，牛奶送来后，我当着牛奶贩子的面分别测试了水、他的牛奶，以及我们的好牛奶。结果他的牛奶只比水好一点儿。我要求他以后只能送优质牛奶。他说："那真是台好机器啊！"因为他可能还会把掺了水的牛奶卖给别人，所以我就不再要他给我们送奶了。喝上优质奶后，玛格丽特终于开始发育成长了。

我并不总是一个合格的父亲。我倒不是认为父母不可以打孩子，但那应该是最后的解决办法。惩罚孩子有很多其他的方法。希望随着时间的推移，我作为父亲的能力有所提高，也希望随着我能力的提高，事情变得越来越好。

在叙府的第一年里，莫尔思医生负责管理医院。因为没有福音传教士，唐彼美医生承担了一年的传教工作。后来，莫尔思医生被调到成都，他在那里创建或者说帮助创建了医学院，唐彼美医生则接手叙府的医院并管理多年。

当美国承认中华民国后，叙府市长逐一拜访了每位传教士。到西门时，他穿着不合身的西装和不合脚的皮鞋。他的鞋带松散着，走到后院才弯下

---

① 康熙《叙州府志》载："邑之江之北者四，曰宜、曰南、曰富、曰隆。邑于江之南者六，曰庆、曰高、曰筠、曰珙、曰长、曰兴，壤接乌镇二土府。"南六县包括庆符、高县、珙县、长宁、兴文、筠连。

葛维汉（左一）与叙府市长（中间）合影（摄于1913年）

腰绑好鞋带。起初只有我一人在，唐彼美医生在交谈结束前才来，整个过程我都必须说汉语。市长对我的汉语评价颇高，但有夸张之嫌。汉语中有一个表达是"专心读书"，意思是"把全部注意力集中在学习上"。我以此回答他："嗯，专心读书。"但这句话未能传达出中国绅士身上常有的谦逊。

几年后我又犯了另一个错误。"我将来拜望您"的意思是"我将来探望您"。我以为我应该邀请别人来拜望我。结果此表述是一种敬语，意思是"一个人将带着近乎尊崇的敬意去探望别人"。当我邀请一位朋友来我家拜望我时，他哈哈大笑，因为我们是很熟悉的朋友了。不久后我才发现自己所犯的错误。

在传教工作中，家庭是最大的倚靠之一，并且对传教地区有着不可估量的良好影响。孩子的母亲受过教育，是优秀的主妇，这不仅会提升传教士的影响力，还会让传教士家庭形成传教影响力。因为通过家庭，人们更容易理解基督教。而且好的家庭主妇能确保传教士身体健康，延长他的寿命，并且提升他的价值。所以，将传教士与他的妻子都称为传教士，是十分恰当的。

虽然我们带了一些家具、碟子和别的一些餐具到四川，但还有所欠缺。我们买了几根硬木，包括楠木、栗树、麻柳，晒干后请叙府最好的木匠来打了桌子、椅子、书桌、书架等。在我们最后离开四川的时候，这些家具还完好无损，真遗憾不能将它们一同带回美国的家。

我在叙府坚持努力学习，不到五年，我就通过了按五年设定的语言课程。我是第一个完成五年课程的，后来这个课程被缩短了。课程的部分学习内容要求阅读儒家经典"四书"，我觉得很有意思，里面蕴含着许多高尚的道德情操。后来我又开始阅读"五经"。

在叙府的第二年，发生的最重大的事件，就是小葛维汉的到来和去世。他于1914年2月14日出生，1914年12月17日夭折。从出生之日起，他就不是很强健。他的肾发育得有问题，但直到他去世的前一天我们才发现这个问题。他最后得了急性肺炎。当时的医术不如现在，不然他可能就被治好了。我们把他葬在七星山上外国别墅附近的传教士和他们的子嗣专用的墓地。我们从峨眉山的"花岗岩峡谷"买了一大块红色的花岗岩作为墓碑，上面刻着他的名字和生卒年月。除非这块岩石被取作他用，否则它至少能保存一百年。

1914年10月1日之前，唐彼美医生一直担任教堂的牧师，这让我有更多的时间学习语言。差不多同时，拉德博士被调到叙府从事传教工作。比起农村，他更喜欢在城里传教，我因此接手了乡下的传教工作。

春天，我和唐彼美两次去往外地的分站。秋天我便独自出行，这意味着，好几天甚至好几周的时间里，我只能听汉语。这非常有利于我的语言学习。在叙府的某些乡间地段，有时会有成群结队的盗匪出没，因此我没办法去某些外地的分站。我经常带一名中国传教士在身边，让他在我布道时帮助我。

对我而言，拉德博士的到来十分有益。他是一位进步的思想家，在芝加哥学习过现代且前沿的知识。斯特朗博士的神学太保守，他也不会让我们接触到现代新潮的观点。从与拉德博士的交谈中，我了解到很多现代神学的趋势，我还在他的图书馆里读了很多书。

叙府的教堂非常小，且年久失修，因此修建一个新教堂的愿望越发急切。在教堂的圣诞晚宴上，唐彼美医生首先发言："在吃饭前，我们要为新教堂筹款，希望第一个捐款来自中国基督徒。"我们得到了响应，传教士们也捐了钱，不久就建成一座新教堂。

我们仍旧住在西门，我继续为住在这里的市民做布道，主持主日学校的礼拜仪式。

我继续语言学习，并通过了相关考试。之前必读的一本小说——《好逑传》，被取消了。这本书十分有趣但艰涩难读。拉德博士安排我做了一次语言测试，很难，但我通过了。测试题是关于一位身体强健的中国书生的故事，他强健、聪明，所以总是能从敌人手里逃脱。

第二次会议在成都举行，我主持了一次虔诚的礼拜。那天早晨，潘西·梅森做了一次演讲，她认为我们目前传教速度很慢的原因是我们没有强调基督再临。我在发言中说道：这个世界已经存在几百万年，并且还将存在几千万年，我们所做的事情将会把我们带向一个更好的世界。相较于世界只能被耶稣再临所拯救这样悲观的观点，我更能从前述观点中得到鼓舞。

1916年，适逢多事之秋。1月的宣教大会在雅州举行。在前一年的大会上，我被选为宣教委员会的秘书。在大多数委员会里，秘书负责绝大部分工作，所以我开始考虑我们之后应该做些什么。在众多事情之中，我们还做了一个关于华西浸礼会传教情况的调查。设计的问题诸如：不同传教区域传教人数及传教程度，城镇的数量、人口，及其与管辖州县之间的距离等。我们还问了许多其他问题，包括对建筑物的需求，等等。

我们为每个地方绘制了地图。这份调查结果在会上被确立用作未来传教计划的基本参考，这是我们传教计划中的一大进步。同年，我们被告知，一位富裕的朋友愿意为我们解决住所、学校、医院、小教堂等房屋问题。

在我们开会期间，袁世凯正谋划开启另一个朝代，他蓄谋成为开国皇帝。然而随着民主主义的宣传，云南地区爆发了反袁运动，他们的首要任务是占领叙府。等我们开完会回到叙府时，叙府市区已经在云南人手里了。

云南人也派了军队攻打泸州——长江边的另一个大城市。袁世凯选派了北洋军进驻四川，他们训练有素且装备先进。激烈的战争在泸州附近持续了数周，偶尔北洋军发动攻击试图夺回叙府。

我们在叙府组织了第一个红十字会，中外人士齐聚，我被选为财务主管。此外，我还负责带领一个小组到战争结束的战场掩埋尸体，以及带伤员回医院治疗。

我们听说在泸州的云南军队没有医生和药物，麦金泰尔医生和我去了纳溪，他学习过急救课程。纳溪有离云南人最近的一个总部，中国内地会的房子被改成医院。第一晚送来六名头部受伤的病人，已无法挽救。后来越来越多的伤员被带回来，很快我们就被病患淹没了。第一天晚上我工作到11点才休息，第二天晚上到午夜12点，第三天晚上到凌晨1点。麦金泰尔医生拒绝在晚上11点以后熬夜工作。

我们给唐彼美医生发电报，请他带护士前来支援，他很快就带人来了，并成为总负责人。他来之后我稍微轻松点（我之前每天凌晨5点就要起床），我转而负责管理一组护士。我们几乎整日工作，午夜之后，我也时常需要起床给病人换药，或照顾病情严重的病人。

战争时有发生。有时离我们很近，战场的子弹可以轻易击中我们的屋顶。我几次去前线掩埋尸体，有一天埋了42个云南人。

最后云南人因耗光弹药不得不撤退。北洋军冲进来大肆抢劫杀戮。我们租了几条船把我们的伤员转送到了叙府。

接下来的几周，北洋军偶尔袭击叙府，企图攻下城市。每次战争结束后，我都和一些中国人去掩埋死人并带回伤者。

纳溪的一位伤者令我印象深刻。他耳朵上方有一处伤口，子弹从前面将他头骨的一小部分打掉了，一部分大脑暴露在外。唐彼美医生看到他后，说这个人没救了，叫我不要在他身上浪费药物。但他的几位朋友恳求我给他用药。刚开始上药时，他毫无知觉；过了一会儿，他举起他的手表示他有感觉了；不久后他开始呻吟："哎呀……哎哟喂……"最终他痊愈后被带去了叙府。离开医院前，他已康复，甚至还参加了一场格斗赛。

某天，在距离叙府15公里，去往自流井路上的宗场发生了一场战斗。一大早我便带人去照看伤亡人员。几名带着步枪的滇军护送我们。他们手持云南旗帜，我带着红十字会的旗帜。下午，我们带着伤员回叙府时，听到吊脚楼处有人隔岸开火，又一场战斗开始了。我们走近河边刺探情况，结果北洋军看到云南旗帜便向我们射击。子弹从我们头顶飞过。赫克曼先生与我一起躲在泥墙后，我朝着叙府方向缓步前进。谁知赫克曼又探出脑袋去看对方，北洋军朝他的方向猛烈开火。这次子弹离他很近，他赶紧躲回泥墙后，随我一同朝叙府前进。

不一会儿，陈华峰手下的几个弟兄偷袭了北洋军的后方，北洋军吓得匆忙撤退，留下了装备、弹药、武器和一些银圆。自此之后，陈华峰被任命为滇军的军官。我在思坡溪还见过他，并成了好朋友。

最终冯玉祥带领强兵攻克了叙府，他是"基督将军"。在叙府，他的军队没有实行抢劫和强奸，其他北洋军队则早已臭名昭著。

冯玉祥请拉德博士和唐彼美医生作为和平使者，承诺会在规定时间内让滇军撤走。他和他在成都的部下一起倒戈，攻向袁世凯，最后导致了这个短暂存在的王朝灭亡。

1916年6月23日，我们迎来了女儿鲁思，并决定让她与我们待在一起。这也算是一件大事了。

似乎也是在这一年，我组织了青年协会。大多数中国人和基督徒之间存在认识差异，我想用这种方式来了解他们并争取与他们在一些项目上达成合作，这些项目是有利于他们的。我们谈论健康、道德、宗教等话题，修建洗手间、游戏室，还成立了叙府第一支球队。我们也首次与中国人达成了合作。

我当时继续学习语言并且完成了五年的课程，其中包含儒家的"四书"。会议上，拉德博士报告说我是第一个完成五年语言课程的传教士。我想我也是最后一个，因为不久后该课程就被缩短了。我继续攻读了儒家的"五经"，这为我理解中国人的最高道德和精神理想打下了坚实的基础。对于中国人追求道德和精神的至高至善境界，人们既存有批判，又存有真诚的赞赏。

罗切斯特神学院可以为已经提交论文的毕业生提供研究职位。我写了论文。我在拉德博士的图书馆里阅读了很多最新的图书，也涉猎了芝加哥大学及其神学院图书馆的新书。我的论文在当时属于科学界和哲学界的前沿研究，随后引发了詹姆斯、杜威及其他学者对实用主义哲学的提倡。论文阐述了中国经典著作中蕴含的伦理道德及宗教的最高理想，指出中国理想和基督教理想存在一定的相似之处，且这部分内容可以应用于基督教的程序规范中。当时斯特朗校长还在罗切斯特神学院就职，他比较保守，所以我没得到那个研究职位。多年后，莫尔曼教授说，这篇论文在当时没得到应有的重视。

斯特朗校长去世后，克罗斯博士接替了他。当时，罗切斯特神学院有一条规定，学生毕业时不能直接授予学士学位，只有在毕业后提交一篇论文，论文通过后，才能授予学位。我的论文题目是《现代学术中基督的神性》。若在以前，这篇论文肯定会被直接丢进垃圾桶，但出人意料的是，我得到了学位，我的论文也获得了好评。之后我在芝加哥大学神学院得到奖学金以继续研究生学习，奖学金在我第二次回国度假期间同样有效。如果没有这个奖学金，我不可能完成对我来说非常重要的硕士研究。我深感罗切斯特神学院之恩。

拉德博士更喜欢教育工作，所以他之后转到芒罗研究院去工作了。于是叙府传教工作的重担落到了我的肩上。青年协会逐步发展起来，通过青年协会和相关项目，我们吸收了很多新教徒。（因为部分传教士不支持青年协会，我离开叙府后，这个协会就慢慢解散了。）后来阿尔奇·亚当斯作为传教士来到了叙府，我与他一起负责当地的工作。

袁世凯被推翻后，滇军占据并开始剥削四川，他们通过税收进行财富掠夺，四川督军罗佩金变得十分富有。在滇军到来之前，四川的鸦片已经基本上被禁止。云南人又带来大量鸦片并鼓励人们抽大烟。四川人又开始种鸦片，并因此出现了很多鸦片窝点及大量的罂粟田。最后被逼无奈的四川人开始组建军队进行反抗。

对外战争的结果是，中国不得不接受一系列不平等条约，这使得建立租界，以及对传教士和中国基督徒实行不受中国法律管辖的治外法权这些奇怪的做法在中国合法化。后者是指如果传教士认为教会成员在中国法庭中没有得到公正对待时，具有干涉其司法诉讼的权力。这些特权带来了很多弊病，比如一些中国人加入教会只是为了在诉讼中获益。这些情况在我接管叙府教堂前已经存在。因为教堂不断被牵扯进一些诉讼中，所以越来越多的传教士干部认为传教士不应该再干涉官司。拉德博士便是其中之一。我们就此事商谈过。那时，老一辈传教士已经将这一特权交到了我手里。他们认为这是一件明智可取的事——在诉讼中帮助他人，以此获得更多的信众，然后通过他们的后代来改善教堂状况。我和拉德博士认为任何突发事变都有可能阻挠教堂的发展，所以我们会从消除最坏的案例开始，对教徒进行教导，并告诉他们在之后的一年里我们将逐渐取消类似的干涉和帮助。我们也确实这样做了，最终我们只失去了一位信徒。后来，教堂宣布将不再提供任何与官司有关的帮助，但我们却被批评由始至终都不该实行这些特权。我们立即终止了这些特权，所幸并未给教堂带来损失。

反抗袁世凯的运动开始后，唐彼美和拉德博士便投身于和平谈判，也提供其他形式的帮助。后来他们在各自的事务里忙得脱不开身，慢慢地我就变成了教堂、青年协会等项目，红十字会等工作的主要负责人，认识的人也越来越多。

葛维汉和中国议员的合影（摄于1917年）

1917年秋，云南人开始在四川节节败退。四川北部和嘉定以南地区都被四川人掌控。之后有三个中国国会议员，两个在众议院，一个在参议院，到我家来告诉我，他们想平定四川，让云南与四川和平相处。他们询问我们外国人是否可以帮忙，特别是护送他们到嘉定。当时美国领事馆刚通知美国公民，建议他们远离政治事务，因为随之而来的可能是重罚。我把唐彼美叫来，告诉他我们最好不要理会此事。但他说我们应该尽我们所能促成和平，最后我被派去护送他们三人到嘉定。

在距离叙府10公里远的思坡溪，我们到了一块几不管的无主之地。从叙府到这里，一路上有很多盗匪。一位重要人物，陈华峰，无主之地的头目，与我们吃饭喝茶。次日，他护送我们通过此地，土匪们看在他的面子上恭敬地欢迎我们，并允许我们顺利通过。到达泥溪镇时，川军的军官由于没有得到上面的指示，不允许我们通行。但我被特许到犍为县去见他们的将军。我很晚才到达犍为并取得了通行许可。第二天，我们一起经过犍为抵达嘉定，在那里我们见到了川军将领刘禹九①。

我把和平代表介绍给刘禹九后，便立即动身乘舟返回叙府。到达思坡溪时，土匪们忽然蹿出来瞄准我们准备射击。但在他们认出我后，便让我们安全通过了。

刘存厚当时任四川督军，当他得知"和平代表"后，就意识到他们此行会对自己不利，肯定是想收买他的部下。刘存厚给嘉定发电报，下令抓捕他们。刘禹九特许他们乘船沿河而下逃走，在我抵达叙府后不久，他们也回来了。

刘禹九和几个将领率领两万人迅速包围了叙府。我们的房子遭遇了枪击，子弹打进了墙里。滇军防御军只有三千人，子弹和炮弹落在叙府城内，伤害到民众，引起了恐慌。商会派我和几个代表去见滇军将领，试图劝说他们不要抵抗，从叙府撤离，以免发生大屠杀。回族军官马先生英勇地说哪怕只剩下一兵一弹他也要继续奋战，其他人都在劝他。最后我和来自当地世家的雷先生穿越前线去见川军的指挥官，请求他允许滇军安全撤离。

我和雷先生手持红十字会的旗帜翻越西门外的大山，滇军在此处向峡谷对面的川军射击。有人忽然大声吼道，有一个中国人和一个外国人过来谈和。对方回答，外国人可以过去，但中国人不可以。

雷先生（后来成为叙府的领军人物）返回，我一个人继续前行，和我同行的只有一名扛旗的苦力。当我们到达峡谷地段时，子弹和炮弹在我们头顶呼啸而过。峡谷另一端趴着上百名川军，举着枪随时准备射击。我过去后见到了指挥官。我们站在滇军看得到的地方交谈，直到一颗榴弹在附近的树上爆炸，我们才躲到别处。他给我写了一个简短的回应："明早6点前所有人

---

① 刘禹九，川军将领刘成勋（1883—1944），字禹九。

撤离。"我带着这个证明往回走,一路上弹片和子弹在我头顶嗖嗖地飞过。

我到达城门时,大门紧锁,里面的人拒绝开门。我不得不严厉地告诉他们:我刚穿越前线赶回来帮助他们,他们却城门紧闭,不让我入内。这时里面传出一个声音,让我把身份卡递进去并询问我是否有士兵尾随。我回答说周围没有任何敌军,他们才开了城门。结果是市长站在那里,之前就是他的声音。

约10点,滇军和他们的友军开始撤离。他们留下五百名士兵驻守在城市的主要街道路口、城门及其他地方,以阻止任何敌人通行。川军慢慢接近城区,我们能听到他们的机枪声越来越近,后来他们在街上交火。

毫无疑问,那是个刺激的夜晚。我睡觉时特意放了一盏提灯在床边。我记得我只是调低了提灯的亮度,但没有熄灭它。午夜后一会儿,我们对面的

在叙府的滇军(摄于1917年)

医院门口一片嘈杂。我迅速起床提着灯去看发生了什么事，原来是一小队强盗正在抢劫医院。经过我的劝说，他们准备离开。这时唐彼美医生到了，他开始因为抢劫医院的事情责骂他们，他们便又用枪指着我们。我说服了唐彼美医生，让他不要再责骂他们了，并让他们离开。

住在医院里的七名滇军有来复枪，存放在警卫室。强盗们点过数后宣布："少了一支。"我们站在街边瓦房的屋檐下，两名强盗朝着我们的头顶开了几枪，子弹打掉了几片瓦。我告诉他们一共只有六支枪，医院里的人之前数错了。他们这才离开，并留下一句："我们会保护你们的。"

女眷们也听到了枪声。慕義以为我会被滑竿或担架抬进来，结果吃惊地看到我和唐彼美一起并肩走了进来。

整晚都充斥着哄抢声，偶尔伴随着枪声。天亮后，叙府的百姓到我家告诉我，他们家里藏了很多滇军，问我是否可以把他们带到教堂。我跑了很多趟，每趟带一至七名滇军到教堂。如果川军发现了他们，他们或许会被射杀。其中一名滇军被刺刀刺伤，扔在粪堆上。我跑到川军刘禹九的办公室，请求他停止伤害和杀戮，并请他下令一旦发现滇军都以罪犯的身份提交衙门，这才结束了杀戮。到了夜里，教堂和其周边的建筑物里挤满了滇军。叙府的百姓和滇军对我们这两天的作为表示了感谢。

衙门里的滇军中爆发了疟疾，疾病在城中扩散。因为这个原因，为了表达对滇军的友好态度，刘禹九决定先派和平代表去云南，然后送回那些虽然受伤但还能走动的俘虏。我负责此次行程。我先护送了议会的议员，他们就住在我家里。因为于他们而言，在被刘禹九占领后的叙府已无安全之地。他们中的一位还送了慕義一块玉佩。随后我又护送了三百五十名滇军。他们中的大多数是之前的伤兵，剩下的一些是刘禹九占领叙府后抓住的俘虏。同行的还有一名前任四川总督，一名云南某城商会的会长，以及几个有来头的人。

我们花了四天才到达终点。滩头县（今滩头乡）是进入云南后的第一个城市。大约有十五名伤兵还没康复到可以行走，所以我们必须用滑竿抬着他们。每晚都有苦力跑掉，次日早晨我需要重新雇苦力填补他们的空缺。

第四天的早晨，我们到了河边的高处，要到达河谷地带，我们必须由此处翻过陡峭的山路。我本来在前面带队，因为收到一封滇军的信，说他们已派出士兵来护卫我们进滩头，我想这意味着我们当时是安全的，于是下令让大家继续前进。我站在高处，等他们都下去了，我才和最后一个人一起下去。

忽然枪声四起。不一会儿，一个人跑来报告说，下面有土匪在抢劫云南人。因为我是负责人，我手举美国国旗冲下山坡，大喊："不要开枪，我是来谈判的！"土匪头子嚷道："你的谈判值多少银子？"我身无分文，所以就没回答。我到达河谷后，看到土匪正在抢劫云南人。其中一个人告诉我，他们不会伤害我，但需要扣押我们队伍里一个重要的人作为人质。

为了阻止周围山上的土匪射击云南人，我把美国国旗插在云南人的队伍前。很快，一些滇军朝我们走来，我叫道："快，他们在抢劫我们！"滇军跑了过来。我指着土匪说："他们在那儿！"士兵们开了枪。土匪们小跑着撤退到一处农户，躲在那里进行反击。我在滇军后面大叫："开枪，开枪！"子弹嗖嗖地向我们飞来，我躲到了附近的岩石后面。土匪们很快就被打跑了。在士兵的带领下，我们向滩头前进。在距离滩头不远的地方，约两百人在那儿等着欢迎我们，包括县长和当地的一个陆军军官。他们手举横幅组织了一支欢迎队伍，横幅上写着"欢迎莅临滩头县"。

晚上，我被安排宿在衙门，他们还为我准备了一顿丰盛的晚餐。

第二天早晨，他们为我提供了一艘大船和七十名护送兵。我们上船时，县长、军官，其他有头有脸的人物及两百名士兵站成两排，我从他们中间走向大船。那是一次盛大且庄重的送别仪式。

船顺流而下。不一会儿，我们遇到了一群带着来复枪的土匪正在抢劫农民。他们没向我们开枪，我们继续前进。但之后当七十名护送兵原路返回时，土匪们攻击了他们，他们必须自己拼出一条路来。

抵达安边时，我见到了另外一百五十名被刘禹九送来的滇军。我又调头

云南都督府颁发给葛维汉的拥护共和纪念章（正、反面，摄于1920年）

护送他们到滩头，这次没有发生意外。云南人很感激我一路护送伤兵，以及我在叙府对他们的帮助。

滇军给云南都督府报送了一份正式表彰我的报告。因为英勇，我被授予一级奖章。都督府还赠送我一个象牙制品。这个象牙制品一定非常不错，可我没有见到过，不知被谁拿走了。四川的前任总督告诉我，他将给叙府的教堂颁发一个牌匾以表彰我的作为。我请求他把叙府浸礼会教堂的名字也刻上去，他照做了。那个牌匾在教堂的大门旁挂了很多年，给教堂带去了很多荣耀。

几周后，云南人又集合了一支更大规模的军队攻打叙府。我听说滇军次日清晨会从西门乘胜进入叙府。陈华峰以前是个土匪，现任滇军上校，他将第一个带人冲进叙府。几乎可以断定他手下那些以前做土匪的士兵会抢劫叙府。我先去见了陈华峰。他见到我后，下车随我一起走进城里。我告诉他，叙府所有的人都是他的朋友，他不该允许他的士兵抢劫。他立即下令禁止抢劫。叙府的百姓们很快知晓了此事，我不时会遇到一个人竖着大拇指对我说："顶好！"

1918春天，我们准备回国度假。因为长江下游劫匪颇多，我们不敢沿河而下，所以最后决定走陆路，通过云南府（今昆明），坐法国的火车到越南的海防市。玛格丽特和鲁思同坐一乘特制滑竿，慕羲坐轿子，我也坐滑竿，有时候也步行。我们带了几个大衣箱和手提行李箱，佩奇小姐和雷德小姐与我们同行。

除了教堂的欢送宴，叙府人民也在教堂里为我们举办了欢送会。他们在演讲时说了很多表扬我们的话，我们被授予了很多写着褒奖之词的锦旗，如"基督的好战士""山高水长""勤勉爱民"，等等。教堂颁给我一面大锦旗，我一直保留着。商会、教育协会、市议员委员会和农民协会联合颁给我一面锦旗，写着"他爱我叙府"。这面锦旗现在被保存在惠特曼学院的博物馆里。

从叙府离开时，朋友们和教会成员一直把我们送到城外。与他们一起的上议院议员激动地握着我的手说："真不忍心见你离开。"最后我只好恳请他回叙府。

1918年2月3日还是5日，我们离开叙府。那天刚好是佩奇小姐的生日。一些叙府百姓跟随我们到凤凰溪（Fen Sou Ch'i），我们当晚在那里过夜，给了她一个生日惊喜。

1916年充满变故，以至于让我忽略了一件有趣的事。

鲁思在那一年的6月23日出生，对于去峨眉山度假这样的旅行来说，她还太小。头一年，我们在峨眉山新开寺租了一栋小别墅，又买了两块比邻的土地，一块来自张家，一块来自熊家，准备扩建别墅。我们把画好的地图和房屋草图交给当地的一个木匠，请他来修房子。他拖拉了好几个月，最后转包给了别人。

没去峨眉山的另一个原因是，从嘉定到叙府，一路上盗贼横行，很不安全。为了避暑，我们在七星山租了一栋小别墅，刚安顿好就收到布拉德肖的来信。信里说木匠给我们修的房子做工粗糙，如果想挽救就必须马上去峨眉山。我们租了两艘船赶去峨眉山，其中一艘载着夏天的生活用品和家人，另一艘则载着奶牛和仆人。

我们沿着岷江航行，两天后抵达距离叙府60公里远的蕨溪。我们经过了有土匪的地方，但他们好像没注意到我们。蕨溪有一位姓彭的教堂成员，发现土匪没有找我们麻烦，决定再雇一艘船与我们同行。船上装着值钱的货物，面上用便宜的香饼掩盖。把这些货物运到嘉定后，他将会挣一大笔钱。我们知道其中有丝绸，一些蛛丝马迹显示或许还藏有鸦片，但他什么都没告诉我们。

他在夜间把货物装上船，又从第二艘船上拿了一把椅子和一个澡盆放在这艘船上，让三艘船看起来像是我们的船。土匪们自然知道他在打什么主意。

第二天，我们路过一片茂林小丘地带。忽然枪声响起，有人叫喊，一伙土匪向我们的船跑来。我立马跑出去站在前面大呼："不要开枪，里面有外国人。"强盗头子回复说，他不会对我们的两艘船怎么样，我们可以继续前进。我下令继续航行。

留下的船开始往回开。我们看到船上的东西被陆续搬走，几个人站在水边悬崖上，几声枪响后，一个人掉到江里死了。不久前，他背叛了土匪，现在遭到报复。

下午，土匪派人送回了放在第三艘船上的椅子和澡盆。

去嘉定的路上，我们路过几个土匪帮派的地盘。其中一个帮派的人怀疑我们也在做第三艘船那样的勾当，但我们最终没受到骚扰。

穿越云南

我们的假期被批准了,但因为土匪横行,从长江往下走已经不可能了。于是我认为,凭着我们在云南的名声,穿越云南,从云南府乘坐法国火车到越南的海防港会比较安全。在叙府,云南官员给我颁发过一个通行证,上面写着我救过很多云南人的性命并为他们提供过各种帮助,所以一路上的官员应该会给我们提供最好的保护。在寻求人员护送的时候,我把通行证拿出来给当地官员看,其中一个说:"这东西是很难弄到的。"我们没有预料到此行的艰难。山路崎岖不平,有的地方海拔比峨眉山还高。前不久的一场地震,导致山体滑坡损坏了公路,房屋也被震得支离破碎。绝大部分精壮的云南人参军去了四川,云南变成了土匪们能轻易捕获的猎物。

第四天,我们到达了滩头——我前三次旅途的目的地。当地的官员提出,是否可以派本地人作为我们的护送人员。我说只要能平安到达目的地,谁都可以。他给我们指派了"本地人",更准确地说,一帮土匪。

破晓时分,有人猛敲我们客栈的房门,并像野蛮的牛仔一样大喊大叫。我开门出去后发现是我们的护卫队。还没走出城,就看到路边躺着一个死人。有人告诉我们,那是一个被行了刑的土匪。这事吓坏了女士们。然后护卫队员,其实是土匪,开始扯开嗓子沿路大喊大叫,有时还要放几枪。其中一个土匪，走到玛格丽特跟前问她："你觉得我们是不是土匪？"我担心说错话会引发暴力，于是走到玛格丽特身边，让她说他们不是土匪。佩奇小姐因为害怕，脸色苍白。路过附近山顶的土匪窝时，土匪们鸣枪大叫，我们的护卫队也鸣枪大叫，我们最终没被抢劫。我们到达下一个目的地，在那里住了一宿，当地提供了十二名士兵护卫队员。我给了土匪们2.5美元作为保护我们的酬劳。

经过被地震毁坏的路段时，被山体滑坡砸死的尸体就躺在路边。在去往下一个城镇的路上，我们看到河对面的土匪正在抢劫农户。城里最好的旅店都建有土坯围墙，但这些墙在地震中被毁坏了几处，人可以从毁坏处钻进屋里。虽然安排了一名士兵通宵站岗，但雷德小姐和佩奇小姐还是被吓坏了。夜间，我们偶尔能听到土匪抢劫时的枪响。

次日，在离城镇不远的地方，我又看到一队土匪在抢劫旅客。土匪看到我们时，便立刻消失在一座山后面。等我们走后，他们又回来继续抢劫路人。

我们当晚落脚的小城已被土匪洗劫一空，所有东西都被抢走了，连铺盖都没有留下。

我们花了二十六天才到达云南府，途中休息了两天，其中一天是中国的春节，苦力们停下来休息了一天。

在去昭通的路上，约午后时分，一名信使问我当天能否到达昭通，我回答说可以。他先行一步去了昭通。当我们到达昭通时，受到了热烈的欢迎，至少两百名士兵、县长、将军及其他官员站在那里。旗帜飘扬，锣鼓齐鸣，我们一路被护送着进城，并在川主庙里被当作上宾接待。从进城开始，一路上，家家户户和商店都飘扬着旗帜。那是我经历过的最盛大的欢迎仪式，或许后来川苗的真诚和温暖与此相当。

第二天，我们享用了两次大餐，下午才启程赶路。昭通的一位传教士后来告诉我，多年后那场欢迎仪式仍被人们津津乐道。

我们距云南府，现今的昆明，越来越近，护送我们的士兵数量越来越少，他们的枪也越来越差。在东川，我们与埃文斯先生度过了一个夜晚，随后他与我们一起去云南府取银圆以支付给传教士和中国官员。

到达云南府的前一天，大约下午3点半，我们到达了一个大城市。领头的苦力问我们是要在城里过夜，还是继续向前走。我建议继续前行，这样第二天去云南府的路程就会短一点儿。天黑后，我们到了一个小镇，在一个条件极差的旅店过夜。

次日拂晓，我们起床赶路。因为一直在下雨，道路泥泞，但我们还是在下午到达了云南府，并在基督教青年会的一个传教士家里受到了款待。埃文斯先生拿到钱后当天就折返了，结果遇到一伙土匪，大约一百人，抢走了他的钱、马匹和马鞍。他们本来是准备抢我们的，所以在那个我们计划过夜的大城市附近等着，结果我们没在那里停留。很可能是同一伙土匪，不久后又抢劫了一个路过此地的四川省巴塘县的传教士，并把他囚禁了数个星期。假如他们恐吓女士和孩子，抢走我们所有的行李，并把我像谢尔顿先生，就是那位巴塘传教士一样扣为人质，我们现在又是怎样的呢？

我们乘坐火车去了中南半岛，途中穿越了约一百个隧洞，翻越了大山。在海防港，我们住在一家旅店里，因为美国在第一次世界大战中帮助了法国，法国房东热情地款待了我们。我们乘坐了一艘小型法国汽轮前往香港。甲板上的板条箱里装着猪、鸡、鸭、鹅，等等。

在香港小驻后，我们便上了去美国的轮船。

穿越云南时，玛格丽特正处在对什么都好奇的年龄。因为我们在叙府用煤油灯照明，所以她没见过电灯。我按下电灯开关，整个房间顿时明亮起来。她被惊呆了，随后大声地尖叫。在香港，她第一次见到街上无人推拉的小汽车疾驰而过时，叫道："啊！快看，快看！"

从云南府到海防港的火车上，我打了个盹，似乎有人路过并翻了我的包。总之，我的钱包不见了，里面有一些钱。

坐火车从云南府到海防港需要两天。晚上火车停下来，大家去住旅店。我们开始看到一些热带地区的景观。

香蕉尤其便宜，十文钱就能买一把小香蕉。我们在叙府没吃过香蕉，于是在中南半岛大快朵颐。有一顿我吃了十根小香蕉，甚至更多，似乎也没有导致什么坏结果。

在昭通，我们第一次接触苗人，他们一点儿都不令人感到亲近。而且，在一路的市场上我们都看到了苗人，他们穿着自己刺绣的衣服，看起来着实奇怪。英国循理会已使得近两万花苗皈依了基督教，他们也做了一件了不起的事情，让这些一直以来没有书写文字的花苗接受教育并得到提升。

我们穿越高山顶部时，发现那里的岩石是灰色石灰岩。这些石灰岩是数千年前的海洋沉积物，岩石中经常发现化石。

大山有个垭口，看起来就像一个巨大的漏斗，风吹来时，偶尔会将人和驮东西的牲畜一起吹下山梁。中国人认为那里有风神，只要有人说"风"，就可能把风神唤来。我连续说："风、风、风……"抬滑竿的人威胁我，如果我再说"风"，他们就要停下来不抬我了。我们横穿这个垭口时，滑竿被放得很低，几乎碰到了地面，几个苦力使劲抓住轿椅，以防被吹下山梁。

海防港有一座动物园，我们去那里看动物，看到一只巨型老虎在铁笼子里张牙舞爪。当地人很紧张，便开始辱骂老虎，结果老虎更生气了。

从海防港到香港，我们遇上一场暴雨，幸亏没下多久。在我们到达香港前，船上一直有一股像鸡舍或谷仓的味道，让我们变得脏臭不堪。途中，我们经过了美丽的海南岛和许多漂亮的小岛。

海防港和香港都很热，但令人高兴的是，我们终于能够乘坐汽轮回美国了。

玛格丽特在海防港第一次见到了黄包车，惊呼："妈妈，你看，他在跑！"

首次回美休假

我们从香港乘坐汽轮到上海,转日本轮船到神户,再转乘火车到东京。陆上行程都在夜里进行,我们路过了有大工厂的城市。

我们在东京拜访了慕义的老友阿克斯林博士,并在他家受到了热情的款待。我们参观了阿克斯林博士和他的日本同事们修建的基督教堂。这是一个机构性的教堂,包含有组织的礼拜、主日学校和一些别的机构,还有一所幼儿园,以及几家俱乐部和以社会服务为主的机构。修建这类教堂的目的在于为人们提供各式服务,并通过满足人们的所需,以及教堂的礼拜仪式、主日学校等,增加与人们的接触。后来我也尝试在叙府建造了一个类似的教堂。

日本的名胜美景及日本人的礼仪都十分有趣。阿克斯林博士在日本是一名杰出的传教士。

我们先乘坐快速汽船到加拿大维多利亚港,又换乘一艘小轮船到西雅图,随后全家在布雷默顿我哥哥乔伊和姐姐玛丽家待了几个星期。乔伊在海军工厂上班,玛丽则经营一家旅店。我几乎走遍华盛顿州,在教堂演讲并参加各种会议。我见了许多故友,也重访了沃拉沃拉,参加了我们班毕业十周年纪念活动。我们班为学院捐建了一座坚实的桥。我们也见了沃拉沃拉和惠特曼的老朋友。其中,彭罗斯夫妇是我一生中最好的朋友之一。

全家人在布雷默顿待了六星期，在此期间玛格丽特和鲁思都生了水痘。

埃尔米纳和我们一起去了费尔波特。我们先在慕义父母家里住了几个星期，才去芝加哥参加为期一年的研究生学习，罗切斯特神学院的一位研究员给了我这次机会。慕义父母家的后院有一棵李子树，一些熟透了的李子掉在地上，人吃了可能会导致肠胃问题。我发现鲁思在捡地上的李子吃，便抢走了。鲁思不答应，以一种很不情愿的口吻告诉慕义："爸爸拿走了屁股。"①

在芝加哥，我们住在学校提供的传教士公寓，里面配好了家具。吉克博士是海德公园浸礼会教堂的牧师。神学课的老师是G. B. 史密斯，他是世界上最好的老师之一。他清晰的思路给了我很多启发。另一位老师A. E. 海顿，一个享誉世界的人道主义者，也对我产生了巨大的影响。我没有完全接受他的神学观点，而是学会用科学的方法学习和研究宗教，我此后的许多研究都受此启发。我的论文《儒家经典中的原始宗教元素》（Elements of Primitive Religion in the Confucian Classics），是我一边学习中国儒家经典一边搜集资料并研究的成果。

某夜我用婴儿车推着鲁思在月光下散步，我问月亮给她讲了什么悄悄话，她答道："你好，奥菲。"

我选修了宗教心理学、社会心理学、宗教历史等课程，它们都十分有趣且令我受益良多。在第二年即1919年春天，我获得了芝加哥大学的硕士学位。

1919年1月26日，海丽特出生了，这是我们家这年最重大的事情。（生于芝加哥的长老会医院）

在第一个学期里，我开始对华西的地质感兴趣。从宜昌上溯的长江上游，以及叙府往上，一些地方的岩层受到流水不断地冲刷侵蚀，最底层的花岗岩出露。河水冲刷开山体的地方，人通过的时候，能看到两边的岩层，还

---

① 此处原文为"Father take away bum."。鲁思当时不到两岁，可能记不清单词，外加吐词不清，造成此处幽默效果，也让葛维汉对这句话记忆犹新。

葛维汉夫妇及三个女儿（摄于1919年）

能进行仔细的研究。我得到一本描写四川地质的书,书里讲解了各种岩层,包括花岗岩、石灰岩以及顶部的红砂岩,有些顶层已经被侵蚀。

我注意到川西种类繁多的动物、鸟类和昆虫。我也注意到有许多人在搜集自然史标本并把它们寄到德国、法国、瑞典和英格兰的国家博物馆,但是美国国家博物馆却没有人搜集。于是我给位于华盛顿的史密森尼学会写信,告诉他们中国西部的标本十分丰富,并询问他们是否希望我帮他们搜集并邮寄自然史方面的标本。他们回信说他们早已了解到华西是一块丰饶之地,而且他们还没有任何来自那里的标本。他们出资邀请我去史密森尼学会参观并学习搜集技术。我欣然答应。

韦特莫尔博士在家里热情地款待了我,他是世界上最具权威的当代和古代鸟类研究专家之一,也是一位伟大的科学家、谦逊的绅士、优秀的执行官和助理秘书。我由此开始了人生中最重要的一段友谊。

他们待我十分礼貌。我问:"你们想要什么呢?"答案是:除植物学标本以外,还包括"所有活物"。他们那儿有一大批行业专家。我被交托给一位鳞翅目昆虫专家,他给了我许多小册子让我学习,私下又教我搜集那些他感兴趣的标本的方法。学完后,我转去下一位专家那里。整个训练不仅仅针对"所有活物",还包括如何提取岩石里的化石。

最难学的是如何搜集哺乳类和鸟类标本。搜集其他的东西可能有一些困难,但这两类更难。

在华盛顿,我参观了雄伟的纪念碑及重要的建筑,有幸拜见了一些伟大的科学家。

韦特莫尔博士是一位有君子气节的人。他开着自己的车带我见识首都,途经波托马克河上的一个小岛。此岛归华盛顿的自然科学家所有。除飞蛾、蝴蝶和其他大量存在的生物允许被搜集外,这座岛上任何鸟类、爬行类和哺乳类动物都不允许被捕杀,因为它们是用来观察的。这座岛上已经发现了新的物种。

我得到了许多重要的器材,包括一台柯达相机,一个用以测量和记录海拔的气压表，大量捕猎的夹子及其他各种搜集自然史标本的工具。我们也约定了如何支付我搜集标本的差旅费及邮寄标本的邮费——费用都是预先垫付，用完以后列出开支细节，然后得到新一轮的费用。

我在芝加哥大学学会了科学研究文化和宗教的方法。带着研究不同的宗教和文化、探索和搜集自然史标本的雄心壮志及设备，我回到了华西。

回中国

　　度完假回中国的路上,海丽特患了急性肺炎,因此我们在神户停留了几个星期,与日本人有了一些印象很好的接触。我们的医生是一名英国医生,他收集了很多漂亮的中国花瓶和鼻烟壶,这些东西都被放在他家的铁保险箱里。一个周日的下午,他邀请我去他家并向我展示了他的收藏品。那次真让我对中国艺术品大开眼界。

　　1919年12月中旬,我们离开神户,在上海短暂停留后便沿长江逆流而上。在宜昌,我们换了屋船,继续逆流而行。有两名中国护卫(当兵的)同行,但他们只佩戴了两把剑。海丽特生日那天,即1920年1月26日,我们出发后不久就到了一个距离万县四十里的村庄。我们注意到十七艘大货船行驶在我们前面,船上大约有三十名配有武装的中国士兵护卫。突然枪声响起,不一会儿,我们看到河对岸大约有一百个土匪在朝护卫队开枪。寡不敌众,三十名护卫队员逃入附近的山里,土匪们则开始卸载船上的货物,用一艘小船运输,到了河对面就由附近山上的苦力搬运。按照中国习俗,我取出我的中文名片递给土匪头子。当时我们不可能掉头顺流下行,因为江水流速很慢,土匪会向我们开枪。过了一小会儿,一些土匪从河对面朝我们的头顶开枪。我们的护卫答道:"我们是好兄弟,我们是来这儿给你们说好话的!"

葛维汉一家乘屋船回叙府途中（摄于1920年）

长江边的纤夫拉着屋船前行（摄于1920年）

土匪们才停止了开枪。

当十七艘货船全部被搬空时,土匪们走向我们的船(慕羲已经把她的戒指藏在了火炉子的灰烬里)。我们听到河对面的土匪头子说:"别下去了,别骚扰他们。"土匪们就回去了。很快,土匪们带着他们的战利品消失在山里,我们安然无恙地继续前行。

几周后我才知道,那个土匪头子被我们叙府医院救治过,他知道我这个人。为了表示对我们救治的感激,在他手下的土匪准备抢劫我们的时候,他阻止了他们。

从重庆往上走,土匪特别猖獗,但我们得到了很好的保护,安全抵达叙府。我们在那里受到热烈欢迎。许多中国的老朋友,包括教堂成员,到码头来迎接我们,合影留念。中国朋友提供了轿子,送我们回家。我们仍留存着在码头拍的照片,里面有玛格丽特、鲁思、我怀里的海丽特、慕羲、我,以及一帮老朋友。

在叙府的第二任期

1920年到1930年的中国,兵荒马乱,部分归咎于军阀割据。军阀们通过军事手段掌控权力,大肆压榨百姓,犹如从萝卜里挤血。压迫和剥削最终让百姓走上了种植、贩卖并吸食鸦片之路。税收提前几年征收,老军阀走了,新军阀接手后又重复征税。土匪帮越来越多,内战不断。

1919年,共产主义思想开始登上历史舞台①,后来成立的中国共产党与孙中山及其国民党合作,期望消灭不平等待遇,帮助中国走向独立……

我们主要的工作在教堂和分站,任务很重。我每年须组织两次慕道班,以及为新成员做洗礼。我做慕道班的策略是每个月至少到城里的成员家里探访一次,每年至少到较远的分站或家庭探访两次,多数时候都不止两次。叙府教堂的规模稳步扩大,从1912年的一百多人增长到1926年的一千多人。有一年我施行了88次洗礼,还有一年99次。

我们有一个青年协会,但协会包含了所有年龄段的男子。叙府最有名望的家庭的男孩子和年轻人都加入了这个协会,以及我们的球队和其他一些俱乐部。

---

① 此处指1919年五四运动中传播的马克思主义。

叙府城区（摄于1924年）

我原计划建一个机构性的教堂，但因为一些外国人反对非基督徒使用教堂的房屋，所以我只得改变初衷，在一条主街上购置了房子，创办了一个独立的青年协会。我们在那里举办关于卫生学、政治事件、社会问题和宗教学的讲座。有一些协会成员后来加入了教会。通过这个协会，我们和叙府有名望的非基督徒也有了很好的联系。

在叙府附近旅行是很危险的，但许多土匪认识并喜欢我，所以只要我在场，他们都不会抢劫，我也因此被称为"土匪的朋友"。许多传教士和途经叙府的人都请我相伴，以保证他们的安全。

在这一任期的起初，我要负责分站的学校。因为我要去分站，所以让我照顾学校也并非难事。一定程度上这是个合理的安排，因为这使得分站和分站学校之间的合作更加容易：传教士的工作是以分站为核心的，而分站的工作又是以学校工作为核心的。通常，学校都在分站教堂的楼里上课。我们还举办了田径赛、球赛，并雇了老师编排节目。我们给老师发薪水，也帮他们解决一些困难。许多老师都获得过学生助学金，当他们领工资后，再从工资里扣除部分以逐步偿还这部分钱，这些回收的钱又被用来帮助需要帮助的学生。有人告诉我，在整个传教队伍里，我在回收这部分学生助学金方面做得最成功。我呼吁老师们通过还款的方式帮助其他学生。后来，其他分站有人开始反对偿还助学金，因为基层老师们的工资实在太低了。两年后，科森先生接管了这些学校，叙府反对老师偿还助学金的呼声越来越高，所收到的钱逐渐减少。

1920年，罗宾斯博士访问华西，我陪他去了周边的分站及嘉定。他第一次来时住在我家。土匪出身的军官兰旷（Lan Kuang）举办了一场宴会。在宴会上，他把以前偷盗的一位教堂成员的物品还了回去，二人从此冰释前嫌。我作为公断人做了见证。罗宾斯博士成为我们最热情友好的朋友之一，在他去世前的一个月，我收到了他最后一封来信。在罗切斯特甚至全世界，他被基督教领导们给予高度评价。另外，他也是一位优秀的诗人，写了许多至今仍被人们唱诵的赞美诗。

在传教工作更广的范围里，我还在牧师（福音传教士）委员会工作，大体上就是秘书。我也在社会服务委员会工作。

面对中国动荡不安的局面，中国的领导人开始行动了。中国人憎恨不平等条例、治外法权和外国租界。传教士们以前称为"帮手"的中国老师和传教者，开始渴望自主、自立及自我宣传，我认为这是正确的。我们的目的是发展本土的教堂和强有力的当地领袖，即使传教士某天离开后，当地领袖和教堂还可以继续运转。我给这个运动和目的取了个名字：权力下放，听起来有点像"魔鬼—革命"。一些老的和不太老的传教士都反对这个主张，全世界最好的基督徒、政治家都赞成这个主张并立志去实现它。我们教会的一些人是全力反对的。我读了一些有关教会最新政策的书和文章，每当经过华东时我也会和普罗克特博士聊天，他是华东教会的秘书。因此，我比教会的某些人更激进，这让我站在了他们的对立面。反对我的声音在1925年的雅州全体会议时达到了高潮。激进的提议需要多方讨论，我支持他们这么做。但反对一事还是让我很失望，也让我转而花了更多的业余时间为史密森尼学会搜集标本和做研究。

在我们回国度假期间，阿奇·亚当斯接手叙府的福音传教工作，他解雇了青年协会的秘书陆子文（Lu Eu Wen），安排刘剑子（Liu Gien Ea）代替了他的位置。我回去后，刘剑子成了我一个很要好的朋友，我在叙府还从未有过像他这样亲近的好友。

在我们回去之前，贵州和云南的花苗中间发生了大饥荒。有一个花苗，靠吃树皮、树根、树叶和草长途跋涉到叙府。他出现在我们的教堂前，亚当斯给了他一份做苦力的工作。这个苗人名字的汉语应是"张"或"臧"，因为比较矮，人们就叫他"臧撒该"（Tsang Sa-gai）①。亚当斯把他转托给我，我尝试让他上了一年小学，但他学习进度很慢。某天他告诉我，川南有苗人，我派他去给那里的人讲基督教文学，并告诉他如果有苗人小男孩想要接受教育，我可以负担他上学的花费。

不久后，臧撒该回来了，带回一个名叫杨方曾的小伙子，一个住在周家口的川苗。其他跟他一起来的人也见了我，都成了朋友。我让杨方曾留在叙府上学，直到他小学毕业。我们几乎每天都会相见，我试着学习苗语，写下词汇和短语，并尝试说我学会的部分。我也问了他川苗的习俗。之后我去他的家乡、珙县王五寨，以及其他一些川苗聚居区做了调研。川苗开始参加我们的慕道班，并申请了学校和礼拜。这将可能开启一项伟大工作。但是那时有汉人认为非汉人是未开化的人，一些人开始给老传教士耳语，说我这样做犯了大错，教会应该强制我停止在他们中间的传教工作。老传教士们被说服了，并在叙府会议上要求我停止此项工作。于是我劝他们去请昭通英国循理会来接管川苗地区的工作，他们照做了。那里从没有专职的传教士，但最后报告里说已经有大约四十座小教堂或礼拜堂了，每个教堂里都有学校及几千

---

① 撒该为路加福音书里的人物，是一个税吏长，因为身材矮小，他怕耶稣到来时他在人群中无法见到耶稣，于是心生一计，爬到了耶稣必经之路旁的一棵高高的桑树上，由此引起耶稣的注意。

名信徒。

我和川苗的友好关系并未因此终止，杨方曾成为一位得力助手。他参加了我所有的夏季采集旅行，帮我射击和捕捉动物标本。他有时还独自一人去帮我搜集自然史标本。直到我们搬到成都，他不幸死去才告终。

我继续学习苗语，了解他们的习俗。渐渐地，我和川苗之间的情谊越来越深厚。他们总是为我的苗语和习俗研究提供力所能及的帮助，我相信如果需要，他们甚至会为了我去打仗。后来我写了《川苗的习俗》《川苗的词汇》《川苗的仪式》《川苗的传说》《川苗的宗教》。希望我的《川苗的歌谣和故事》一书能够出版。

在芝加哥大学期间，我修了"宗教的科学研究"一课，主讲老师是A. E. 海顿。受到他的部分影响，我立志研究中国宗教，并准备以此作为我博士论文的选题。在这次的任期内，我画了许多庙宇的图表并标出神像的名称等。我总是带着我的笔记本，记录我学习到的中国宗教的内容，拍照片，搜集符咒及神器，询问神职人员与信众各种问题，由此我逐渐积累了很多材料。在我第二次回美国度假时，我运用这些材料写成了我的博士论文——《四川省的宗教》。

作为业余兴趣，偶尔我也记录一些关于倮倮和藏人的笔记。

1922年3月华西边疆研究学会成立，我是创办人之一，并开始给学会杂志写文章。我与其他成员之间的友谊、参加过的会议、已出版的杂志等，都对我帮助很大，时常启发我。我人生中最好的文章都发表在《华西边疆研究学会杂志》上。我在学会做过几次讲座，担任过几年秘书和一年会长。

自然史标本搜集从小范围开始。我从史密森尼学会的馆长处获得诸多有益的建议，有些建议他是以书信的方式传授给我的。我也从亲身体验里学到很多。任何一种生物都是潜在的标本。不论是在驻地还是旅游，我都在搜集。没多久，我的工作就获得了积极的回报：一些新的标本被发现。我培训杨方曾如何打猎，捕抓鸟和哺乳动物，并给它们剥皮。我也教会厨子何彬臣（Ho Bin Chen）的亲戚何寿春（Ho Sou Ch'uen）给动物剥皮。无论我去哪里，去布道的旅行、暑假、开会等，我都会带上必要的工具搜集标本，之后寄给史密森尼学会。为我们制作了很多家具的王木匠是个很棒的猎人，考察时我带着他打猎或给标本做需要的木箱子。

1920年和1921年的暑假，我们在叙府周围的山上度过，我在那个地区认真仔细地搜集了标本。

1922年6月15日，桃乐西在叙府出生。她出生时差点夭折。几天后她长了热痱子，医生担心是天花。某晚，唐彼美医生说如果明早之前不下雨，我们就必须去叙府山上。我透过窗户向南望去，说："医生，暴风雨就快来了。"我看到厚厚的乌云和闪电。他说："我没有你那么确信。"我去女校做了一小时的讲话，等我回到家时电闪雷鸣，大雨倾盆。这让我一下就安了心。在我们去峨眉山之前，桃乐西的体重几乎毫无变化。在峨眉山，慕义咨询了启尔德（O. L. Kilborn）的太太启希贤（Retta G. Kilborn）医生，她建议我们给桃乐西多吃点，之后她很快就长起来了。启希贤医生帮助我们救了桃乐西的命。

1922年的夏天，我们是在峨眉山度过的。我搜集了很多标本，其中一部分是新品种。因为桃乐西身体不太好，我决定与华西边疆研究学会的成员去西藏旅行并非明智之举。

当然，我一直坚持学中文并阅读科学和其他书籍。

我开始给《华西边疆研究学会杂志》和《华西教会新闻》写一些短文。

1923年，我经历了一次考察，或许可以称之为我第一次夏季采集考察。之前我已经在去分站的途中，在峨眉山新开寺和叙府的山上，以及在去开教会会议的途中进行了采集。我给康宁汉（R. Cunningham）先生写过信，他是一位住在打箭炉（今康定市）的传教士，对搜集植物标本非常感兴趣。他搜集的标本都被寄送到苏格兰的一个博物馆。他给了我力所能及的帮助，帮我弄到当地的通行证和使用乌拉的权力。乌拉是一个系统，意味着更便宜的运输成本。

那天，我大约下午3点半到的打箭炉，康宁汉先生在距离打箭炉几里远

葛维汉从打箭炉返回叙府途中（摄于1923年）

的地方接我，之后一路将我迎到他家，喝了下午茶。他问我："你到这里来做什么呢？"我答道："我来搜集自然史标本。"他说："你在浪费时间，这里已经来过很多从德国、法国和英国来的优秀科学家。他们已经在此处仔细地搜寻过并搜集了任何可以被找到的物种。你不会再找到新的物种了。"我回答："我搜集的标本是给我们国家博物馆的，他们还没有任何这个地区的标本。即使我们找不到新的物种，搜集工作也还是有价值的。"在这次考察中，我搜集到了蛇、青蛙、飞蛾、野兔，以及鸟的新品种，就在那些伟大的科学家已经仔细搜查过的地方。

在考察中，我们只要在旅行，就整天都在搜集，有时候捕捉者为了搜集飞蛾工作一整晚。熬夜到晚上十一二点或凌晨1点给标本贴标签，早上5点或5点半起床。步行一整天是常有的事，因为步行时更方便搜集。随时，我们都可能看到一条蛇、一只鸟、一头哺乳动物或一只昆虫，它们都是值得被搜集的。我也坚持记录时间、地点以及海拔。

之前我们寄回一大堆搜集的标本，史密森尼的馆长和员工都非常兴奋。在筹划这次考察的过程中，住在雅州的川边镇守使陈遐龄为我们提供了住所和力所能及的帮助，包括在我们需要护送的地区保护我们。我们沿着打箭炉的河流向上走了三十里远到游龙寺（U Lung Ssu），之后穿过一个海拔4724米的山口到了营官寨。我为华西协合大学博物馆搜集了一些藏族的物件。

1924年，我又去了松潘考察，在穿过一个高山山口后到达了美丽的黄龙寺。那次考察一共花了十二天，包括从成都到松潘，再到黄龙寺。回来的途中，我顺便去了趟官寨。官寨位于瓦寺土司辖区内，是大熊猫生活区域的中心。我捕捉到几只大型哺乳动物、许多鸟和大量的昆虫、青蛙、蜥蜴、蛇，等等。在这次考察中，搜集到的许多新物种都被画了下来。在松潘，我们见到了西番的部落民等，之后又遇到了羌人和瓦寺人。

黄龙寺是我见过的最漂亮的峡谷之一，那里有成百个和美国黄石公园里的类似的池子，以及茂密的森林、壮美的雪山、最美的野花。我带回去一只小黑熊，但最终由于太麻烦我不得不杀了它。在成都，英国领事热情地在他家里款待了我，并给我一个英国通行证以供我考察时使用。

在中国，一有机会我就会打网球。渐渐地，我的球技见长。虽然我从来不是像鲍勃·泰勒那样的专业网球手，但在峨眉山比赛中，我得过第三名。还有一次在芝加哥一所神学院的网球比赛中，我得了第二名。

1922年，在峨眉山时，我们偶尔听说有一只大熊和两只小熊在附近的山里出没。某天，一个农村小男孩跑过来说，他看到大熊和它的两只熊崽子在我们上面的山坡上。我有一把22口径的来复枪、一把手枪，都装了铅弹。虽然很不明智，但我还是带着枪支弹药和几个中国人一起朝着熊的方向跑去。很快，我在附近的树上找到一头小熊并把它打死了。过了一会儿，我看到母熊在离我们大约36米远的路上坐着。我用铅弹向它射击。它蜷缩成球状滚下了山。我们以为它死了，于是追了过去。结果当它滚到灌木丛中时，便站起来逃入森林中了。

在打箭炉附近，有天晚上，一个盗贼跑进我们的帐篷，偷走了我的鞋和衣服。城里的一个守卫抓到了他。9点过，我的衣服被还了回来。小偷在衙门里被暴打了一顿。

那次考察途中，我三次尝试爬到山顶有雪的地方。其中两次都因为大雾而不能前行，第三次我到达了雪线或者说冰川，那里的海拔大约有5334米。

在去松潘的旅途中，我隔着一条湍急的河流，射杀了一只在河对岸山上吃草的岩羊。一位当地人坐着河上的竹溜索把岩羊给我们送了过来。

在华东，一位传教士的儿子也在为史密森尼学会搜集标本，他叫霍伊。他不小心用枪打伤了自己，之后出现了并发症最后去世了。他的搜集装备都转交给我，作为我以后搜集的装备的一部分，包括一把大功率来复枪、两把手枪、许多夹子、一把点45柯尔特左轮手枪、一把22口径的来复枪，以及其

藏族地区的旅行车队（摄于1923年）

他配置。从那以后，我的装备变得十分完备。我用那把大功率的来复枪在大约457米之外杀死过猎物。

在第一次去打箭炉的途中，我遇到了一只羚牛，或者说"野牛"。它大约在914米之外，但我当时只有装着铅弹的手枪，所以没打中它。

在松潘黄龙寺，我们搜集到大量有趣的鸟。也是在那次考察中，我们搜集到许多蝇类的新物种，还有蝴蝶的新类别，但我们从没有科学地描绘过它们。

1925年有内战，在成都或雅州西北部的搜集不可能成行。我最终在峨眉山和大瓦山搜集标本。峨眉山和大瓦山是这个区域最高的两座山，其海拔均在3352米以上①。它们同时也是圣山，山顶上都有庙宇供人们朝圣。

我们先去了大瓦山，沿路都有强盗，而我们又无法得到护送。上大瓦山的路是我爬过的最险峻和最危险的山道。它的悬崖有一千多米高，垂直的。唯一能上去的路是绕着悬崖盘旋而上，然后通过一处特别窄的山脊，山脊的某处只有不到1米宽，一边是一千多米的悬崖，另一边也一样。在山脊上行走就如同行走在一栋超高的摩天大楼的边缘。

我们在大瓦山上及其附近收获颇丰，但我们能安全下山更使我感到庆幸。

在回峨眉山的途中，我们在金口河住了一晚。金口河就在山脚下的大渡河旁。那里没有民兵也没有士兵，在我们次日的必经之路上，人们总是被土匪抢劫。一些看上去很可疑的人来到我们身边，打量我们，并要求查看我们的枪。我怀疑他们是土匪的朋友，于是把枪给他们看了，说道："这些是土匪使用的枪，我们也会用。告诉你们的土匪朋友，如果明天他们敢来抢劫我们，那就要多几座新坟了。"他们便不再骚扰我们了。当晚我们借宿的寺庙，是我这辈子见过的床虱最多的一处。

回到新开寺后，我带上家人一起到了峨眉山顶，在寺庙里住了几天。去峨眉山的路上，我都在搜集标本。我们找到很多有价值的标本。在山顶，我

---

① 峨眉山实际海拔3099米，大瓦山海拔3236米。

们见到了佛光、藏地的雪山，以及对面的岷江大峡谷。一路上风光无限美。回来的路上，慕义在一处陡峭的山路上滑倒了三次，行李和寝具又未与我们随行，以至于最后我们在九老洞的寺庙里度过了一个寒冷又难熬的夜晚。

当时杨森已升为四川军务督办，与其他督办相比，他要好得多。他对传教士十分友好，传教士们也对他寄予厚望，认为他会改变四川的现状。刘文辉当时已经以川军独立旅旅长的身份占领了叙府，通过重税和鸦片生意，积累了相当多的财富。他贿赂杨森手下的军官，让他们背叛杨森投向他。之后，刘文辉当上了四川省政府主席，不但非常排外，还征重税，大力剥削民众。夏末，杨森退守至嘉定。他的心腹姓范，当过土匪。住在叙府的外国人回叙府需要路过嘉定，他们在那里找了一艘汽船，顺河而行。河道很深，流水湍急，兰德尔一家乘坐的小船沉了，他们差点被淹死。汽船途经犍为时，我们被迫停留了好几天，等候杨森的命令。杨森的部队在犍为，有士兵数千人，他们想用这艘汽船渡河。汽船上挤满了士兵，在河上往返多次，直到最后将杨森和范姓心腹渡过了河，方才罢休。

最后，他们终于放我们通行了。传教士几家人在甲板上吃住睡。那两三天除了土豆，我们什么吃的都没有。在某处，正当我们顺流而下时，一群带枪的土匪跑向岸边，准备向我们射击。恰巧船上也有个土匪，他说服那群土匪不要开枪。

杨森有十多位妻子和数不清的子嗣，他经过陆路到下游，穿过叙府城区到叙府南部，占领南六县。这个区域之后遭受了最为残酷的洗劫。

接下来的几个月也十分混乱，盗贼土匪四处活跃，内战连连。

某日，一个中国人带了一只猴子到我们院子里。鲁思当时还很小，见猴子吃草就说："我们来假扮猴子吃草吧！"那些草让孩子们病得不轻。

在叙府的第二任期内，我们住在北城墙旁边的一个大杂院里。我们重修了那里的旧当铺，花费很少。那里还有个大院子，我们重建了一些房子，这样我们就有了一个周围用泥墙围起来的、两层的牲口棚。在我们入住前，城墙已经崩塌，我将之重建加固以确保不再崩塌。

传教士们发现中国的母鸡一年仅产大约70个鸡蛋，但好的外国母鸡一年却可以产250个甚至更多的鸡蛋。所以他们开始带鸡到中国饲养，所产之蛋和孵化的小鸡或是售卖，或是送人，以此来提高附近农民饲养的母鸡的产蛋量。白色的意大利来航鸡被引进到中国，我做了个孵化窝，孵出了两只公鸡和四只母鸡。某天，一位名叫森的中国军官的传令兵到我家来，告诉我说森家里也有白色的来航鸡，但他家唯一的公鸡死了。他听说我有两只公鸡，便问我是否可以送给他一只。我通常的做法是，告诉信使我那只额外的公鸡另有他用，然后拒绝将公鸡给他。但我觉得死了公鸡的那个人很可怜，于是就给了他一只。三天后，传令兵回来了，问我军官应该付多少钱。我说："不要钱。"大约一个月后，森搬到叙府并出任叙府地区的地方官。他专程因为公鸡的事情登门道谢，之后又邀请我参加了叙府官员的宴会。之后我邀请他到我家小聚，并介绍了叙府所有的传教士给他认识，他逐渐熟悉了他们，成了他们的朋友。他还参观了我们的医院和学校，并称赞了我们所做的工作。他也是我在叙府最好的朋友之一。1927年，叙府所有的传教士都撤离了，留下了他们不受保护的财产。或许一切有可能像在柳州发生的事情一样，传教士的家、学校和医院都被洗劫一空，几座内地会的砖楼也被摧毁，砖和木料都被搬走。不过，森长官保护了我们在叙府的财产，抢劫并未发生。在我下一次度假后，我回到叙府待了三年，期间几个月都是独自一人。当时正值非基督教运动，但他全力保护了我们。有一年圣诞节，教堂计划在早晨做一次特殊的圣诞节活动（音乐会等）。反对基督教的人准备破坏我们的活动。森长官听说这件事后，提前一小时到教堂，直到礼拜仪式结束所有人离开后才走。他说只要有他在场，别人就不敢打扰我们。对于美国浸礼会来说，那只公鸡可真是无价。

假期将至，又是送别会、送别礼、锦旗等。福斯特·伍德在回家度假的途中带着他的妻儿来到叙府。传教士每家人都有一艘船，装好行李后准备出发。一位姓李的男子跑来问我们，他是否可以乘坐我们的船到重庆。他在重庆找了一份在高中教英文的工作。当时叙府和重庆交战，他没有别的办法可行。我告诉他我也很想帮他，但船上只有一间屋子，我的妻子和女儿都要待在里面。他说他可以裹着被子待在甲板上。于是我允许他跟我们一起走，一路上也友好相处。

到达泸州时，我们见到一艘轮船，遂决定放弃小船转而乘坐轮船，因其更加安全快捷。李先生说："让我来给你们买票吧。"我同意了，他付了钱。后来，伍德发现我和他付了同样数目的钱。他带着两个小孩和更少的行李，我则带着四个小孩。他断定自己被骗了，于是去找船长说理。船长拿出售票规则并指出他付的钱数是准确无误的。伍德就问为什么葛维汉付的比该收的数目少。船长回答说，李先生已经告诉他们，葛维汉对李先生有恩，于是按照习惯少收了我的钱。而这只是许多关于中国人如何投桃报李的例子中的一个。

直到1948年，我们最终离开中国时，森先生都还在叙府。他送给我一面写着嘉奖词的锦旗。我们之间的友谊十分深厚与真挚。

轮船很小，船上房间里的四架床差不多只有一米五长。伍德很高，他把自己的双脚用被子裹起来伸到窗外。外面的过道本就很窄，如此行人几难通行。我们常因此大笑。我和一个孩子睡在地板上。有天晚上，大女儿从上铺掉下来，重重地摔在我身上。

我对慕義着墨不够。她花部分时间给孩子们讲课，用卡尔弗特课程。她总是能够保持房间整洁，并管理好用人。我们时常有一些去成都的朋友顺道来访，还有许多社交场合，经常也有单个或一群朋友来吃晚餐，这些都是她在操持。出行之前，她总是为我的旅途准备足够的食物。当我写完要发表的文章时，她会首先阅读并帮我修改文字上的错误。她照顾孩子们，偶尔也在教堂会议上演奏风琴。

有一次，我给她买了一只玉镯作为一个基督教节日还是生日礼物什么的。玉镯稍微有些大。在教堂演奏风琴的时候，镯子掉在教堂的地板上摔裂了，慕義因此哭了一场。后来我们找了一个巧手的银匠在镯子裂缝处镶了一个银环，这样不但裂缝被遮住，镯子也变得比之前更漂亮。

以上言辞并不能将慕義的优点说尽。我家的每个女儿都可以添加自己的版本。

我在上海拜访了多年来承担中国传教士英文月刊《教务杂志》主编的乐灵生（Frank Joseph Rawlinson）。我们成了很好的朋友，他当即向我邀稿。我写了《华西奇怪的神》发表在此刊。此后在我第三次回叙府直到他去世期间，我写了很多关于中国宗教的文章给他，包括我自己研究的和翻译的中文文章，每一篇都发表了。与他的友谊激发了我继续做中国宗教以及苗人、藏人的研究的热情。他的事业忽然中断在1937年8月日本侵占上海的时候，一枚弹片还是子弹击中了他。在他担任编辑期间，《教务杂志》是世界范围内同类传教士杂志中最好的。

在华西，野鸭、鹧鹚、野鹤（也叫大雁），以及其他鸟，春天到了便向北迁徙，秋天再回来，形成有规律性的迁徙。

在叙府，我偶尔工作到下午4点便提枪出门打野鸭，约莫6点返回。再往长江上游走，有一个小岛，野鸭和大雁经常降落在此处。某个下午我看到一群大雁飞过来并降落在小岛上，便决定4点出发去打大雁。我派人去找了一艘小船，让船夫在城市前方等我。当我到达目的地时，船并不在那儿。我于是沿着河向上走，后来发现了一艘有船夫的船。那是我见过的最笨拙的船了，它比普通的船方，这令其更难被掌控。因为那是我能找到的唯一的船，于是我雇了这艘船。他们将船拉到小岛的上游，然后划过去，船便在小岛周围缓缓地顺流而下。岛上，大雁靠着水站成一排。因为鸟很大，所以我用大型铅弹打了一枪。

一只鸟当即毙命，另外两只受伤了掉入水里开始扑腾。其中一只从小岛的另一边逃走了，另一只游过我们的船向下游漂去。我又向它射了一两枪，但只伤到了它。我见其漂过一处急流后爬上了一块大岩石。我让船夫把船划到急流处以便抓到第二只大雁。船夫非常迷信，害怕杀死大雁后会遭报应。天也逐渐黑了，船夫想在天黑前靠岸，拒绝去追第二只大雁，而且开始把船往岸边划。

此处河水较浅，我拿过一根竹竿撑到底，船顺着急流而下。我抓到了第二只大雁。然后，船夫开始将船往回拉。由于河水太过湍急，好几次都把船冲了回去。云层很厚，看不见月亮，天已经黑得伸手不见五指了。船夫们居然开始哭起来，后来他们使了全身的劲才把船拉过急流拖到岸边。他们给了我一片潮湿的竹缆并将其点燃，但是拒绝与我同行。结果竹缆一下就熄了，我只能靠下脚的感觉，在水田窄窄的田埂上小步前进，好几次滑进了水田。好不容易到了大路上，我继续靠感觉前进，一次一小步，很慢但必须这样走。大约晚上8点半，我看到附近有一家人亮着灯。我付钱给里面的人请他给我一个火把，举着它往城里走。大约9点，我到家了，浑身湿透，胳膊下夹着枪，肩上扛着两只大雁，它们的鸟嘴都挨到地面了。

我承诺慕义要在6点回家，并计划和唐茂森一家受邀到女校一位单身女士家里用晚餐。7点，慕义带话过去说我还没回家，可能会晚点过去。8点，她又带话过去说我还没回家。唐茂森和其他人害怕我溺水了，于是给医院助理打了电话并点着灯笼出来找我。他们穿过长江，从那边开始找。沃尔小姐陪着慕义，她躺在床上。我们无法带话给唐茂森，最后他和助理到晚上11点才回来。

第二天，慕义用美味的酱料烧制了大雁肉，并搭配了其他食材，我们邀请了浸礼会的所有传教士来我们家吃晚餐。这之后，我再也没吃过比那两只大雁更可口的野味了。在叙府的传教士们也一直都记得我那晚打大雁的事情。

在华西最有意思的一位传教士是叶长青（J. Huston Edgar）牧师。他是中国内地会的传教士，在打箭炉的藏民中传教，并工作了很多年。当时在中国境内还未发现石器，包括托尔德·劳费尔在内的考古学家写下了"尤无所谓中国人之石器时代也"①这样的论断——但现在已经证实中国是有过石器时代。叶长青说中国肯定有过石器时代，并且准备出发寻找石器。最后他找

---

① 这句话出自瑞典地质学家、考古学家安特生的《中华远古之文化》。

到了新石器时代和旧石器时代的石器用具。

中国内地会由一些十分保守的传教士组成，他们认为这个世界只有4000年的历史。叶长青的传教士同事们因其寻找石器一事批评他，并告诉他：他们从不相信人类有过石器时代，也认为没有任何人可以通过寻找石器而功成名就。这些话让叶长青很受伤。几位华西协合大学的传教士是他的朋友，他们认为他所做的事是正确的，是能够为知识的积累做出贡献的。叶长青到叙府，我们在家里热情接待了他。我对他满腹同情，也向他表达了我的赞许。听了我的赞许，他把他当时找到的最好的一把新石器时代的石斧送给了我。我说："叶长青，这东西应该待在某一所大学的博物馆里。我将以你的名义把它作为礼物捐赠给华西协合大学博物馆。"后来他告诉我，我的举动最初让他很失望，但随着时间的推移，他才发现我的做法是正确的。很多年来，我们一直维持着很好的友谊。有一次，我前往藏族地区搜集标本，他一直陪着我，并给予我很多帮助。作为《华西边疆研究学会杂志》的秘书和编辑，我也帮助他发表了很多文章。在我成为华西协合大学考古、艺术和民族学博物馆的馆长后，除了一些他先前捐给上海华北皇家地理学会分会博物馆的标本，他把所有搜集到的石器和骨器标本都捐给了我们博物馆。他在打箭炉去世，但当地人并不知道他葬在哪里。直到最后，人们也只知道他被埋在了打箭炉中国内地会住宅群的某一处。他一生只受过很少的学校教育，但却成了英国皇家地理学会、人类学学会，以及很多其他学会的会员。他生前做过很多次演讲，写了很多科研文章。他也是我在中国最好的朋友之一。

第二次度假

我们乘坐美国"总统号"轮船穿过太平洋,在西雅图靠岸。我们在布雷默顿见到乔伊并稍做休整。我在华盛顿州内的部分教堂做了些小范围内的演讲,之后去了沃拉沃拉,再辗转到费尔波特探望慕义的家人及一些旧友。

费尔波特浸礼会教堂的一位教友,在我们成为芝加哥海德公园浸礼会教堂代表之前,一直资助我们。我用他给的钱帮助了两名中国人——蓝丰宝(Lan Fong Sao)和张士新(Tsang Ssu Shin)——在金陵神学院学习神学课程。他们两人都在四川浸礼会教堂服务过,但最后却退学了。蓝因为债台高筑而自杀,张也退出了与教堂相关的活动。蓝被击垮的真正原因是爱财和盼富,张则是因为一些常人的困惑与问题。

在罗切斯特神学院,也就是现在的科尔盖特罗切斯特克神学院,我见到了我们的好朋友罗宾斯博士,以及韦夏特先生的父亲老韦夏特教授,斯图尔特博士,新朋友莫尔曼教授等人。我又获得了在芝加哥大学神学院学习的奖学金。

我们搬到了芝加哥并准备好开始工作,我竭尽全力完成任务,期望能够拿到博士学位。芝大的学位十分难攻下,而我所学科目的学位更是难中之难。除了要求学生必须品学兼优且具有领导才能,还有十七项要求,其中任何一项都可能导致学生不能拿到学位。很多人尝试，但少有人成功。一个不成文的规矩是，如果一个人得了低分，或者没有得到足够多的A或者H，他就会悄然地从名单中被剔除，不能成为博士候选人。H就是A+，想得到H的人必须在课堂功课优秀以外，从事一项自己的研究并做出原创性贡献。十七项要求中的还有一项是，必须通过一门外语考试，证明能用两种以上的欧洲语言阅读科学图书和论文，其中一门是德语，另一门是法语、意大利语、西班牙语或葡萄牙语。我在学校从未学过法语，所以我必须非常努力地学习才能通过法语考试。为了通过德语考试，我也花费了不少时间。很重要的一项要求是写博士论文，其必须是原创性研究并做出原创性贡献。我写的是《四川省的宗教》。据我所知，我是第一个把"玛纳"（Mana）概念[①]与中国的阴阳学说并置的人。论文最终得到了很高的评价，并由史密森尼学会出版成书。

在我们第二次休假期间，来自非洲的梅茨格一家也在神学院。孩子们在公立学校读书，鲁思在海德公园浸礼会教堂做了洗礼，并成为其中一员。

西尔斯博士和海顿博士是我在学院里的老朋友。我与马修博士也逐渐成为新朋友。除了在神学院上课，我还选修了新潮的社会心理学课程，并师从费伊—库珀·科尔教授学习人类学和民族学，他后来成为我最好的老师兼朋友。他还安排我和考古专业的学生一起去发掘印第安人的墓。

某天，几个孩子正在一起玩，我走到桃乐西的背后，轻轻地拍了一下她的屁股。这本是一个充满爱意的拍拍，她却以为我是在惩罚她，想想自己并没做错事情，便开始哭。当她发现那是个爱的拍拍后又笑了。

我在教堂里做了几次演讲，但因为我要为博士学位努力工作，所以其他工作都得尽量压缩到最少。魏馥兰博士的一个女儿在芝加哥攻读博士学位，她担任过上海浸会大学的校长，我们俩同时获得博士学位。一整年里我都在

[①] 玛纳（Mana），由19世纪英国传教士、人类学家科德林顿（R. H. Codrington）首先介绍给学界，来源于太平洋西部美拉尼西亚人土语，指一种超自然的力量或势力。

上课和写毕业论文中度过。

1927年夏末举行的答辩会长达三小时。八位教授都是各自领域的专家，他们不断地提问。其中一位教授将其比喻为"严刑审问"。结束时，我筋疲力尽，但答辩通过了。那是获得学位前最后的流程。

论文必须提交三份，且不能有笔误。我则多打印了几份。论文里有很多我在四川搜集的庙宇的图案、画在纸上的神像和符咒等。其中一份被放在了图书馆的珍藏室。

在芝加哥大学，只有拥有哲学博士学位的毕业生才有帽兜服。医学或法学博士等只有学位证书。这表明能获得该学位的人是很杰出的。在颁发学位及毕业证时，首先是获得学士学位的人，大家分成小组依次上去领取证书。硕士和其他学科的博士也是如此。最后，获得哲学博士学位的人依次被点名上台，取过毕业证，校长或副校长亲自将博士帽兜披在他们身上。

之前在上完任何一学期的课后都从未像1927年的暑期那般筋疲力尽。

1926年，在我们第二次休假回国后，中国的非基督教运动正处于高潮，几乎我们所有在华西工作的传教士都返回了美国。叙府已经没有传教士，沙奎斯特夫人留在雅州，还有很少一部分人留在成都。当时待在华西十分危险并且会越来越危险。最后我决定独自回到叙府，把家人留在密歇根州的希尔斯代尔。这对我、慕义，以及孩子们来说都是件很难过的事情。

当我们在希尔斯代尔分手的时候，火车刚启动，我就失声痛哭起来。我实在难以忍受，感到十分难过。不一会儿，唐彼美医生也上了火车，他随我一起去芝加哥，后来又陪我去了火车站，这让我得到一丝安慰。

部分在华西工作的传教士认为我们应该放弃中国的教堂，他们责备像周忠信博士这样坚守在自己岗位上的人，也指责我不该在如此艰难和关键的时期回中国。

在1926—1927年，对于我们全家来说，最重要的事情或许就是我们小女儿珍的出生。她于1927年1月11日在芝加哥长老会医院出生。她是一个漂亮的宝贝，几个月大时，还参加了宝贝选美比赛。虽然最后没得奖，但那也并非她的错。像往常一样，慕義会对着她哼歌，然后说道："看她多可爱啊！"

这里我要花一点时间讲些可能没人注意到的离题的事情。我是指自己从未沾过一滴酒。当我还是个五六七八岁的小男孩时，我们在沃拉沃拉的几个邻居都被或者几乎被酒精所毁。我最怕米切尔一家。米切尔先生是一位老实勤劳的男人。月初他是一位好父亲好丈夫，到月底领了薪水后就去酒吧酗酒。之后我们就能听到他与妻子大声争吵，以及他打妻子和孩子的声音。冬天，孩子们有时会跑到雪地里以躲避米切尔先生的追打。

然后是另一个邻居帕尔玛一家的故事。帕尔玛是内战的退役军人。起初我们认识他们家人的时候，他们还是卫理公会教堂的成员，很好的一家人。后来全家人都开始喝酒。一个儿子杀了人，另一个儿子入了狱。他们家的几个家庭成员都变坏了，主要原因就是酗酒。那时，我还是一个小男孩，便对酒精充满了恐惧，以至于后来滴酒不沾。

在中国，几乎每个人都会喝点酒，但很少有人喝醉或者酒后闹事。即便如此，我也从未破坏我不喝酒的规矩。当他们想与我干杯时，我会举起酒杯以示礼节，但从未喝过。在某些场合，我会请人在我的酒杯里倒满茶水，与他们干杯的时候，他们喝酒，我喝茶。

某次在成都，我与英国议员和几个中国人一起吃饭。我在饭桌上介绍他们认识。英国议员请全桌的人干杯以示祝愿。我坐在他身旁，说道："我就走走过场以示心意吧。"他说："你走过场没问题。"

在哈佛禁酒期间，偶尔有同学拿酒招待大家。某次，人类学社团的会议原本定于某酒店举行，后来换到了另一个酒店。美其名曰酒店，其实是一个地下酒吧。我们三个会员因此没参加。随后的一次社团会议改在了一个不提供酒品的酒店举行。每个人都必须自己做决定，这就是我为自己做的决定。

关于我的另一件事便是我热爱科学与宗教。我认为这两者对于我们而言都不可或缺。我并不认为它们之间是互不相容的。有一些伟大的科学家便是信教之人，他们说人类需要宗教。他们相信在宇宙中有一个至高的精神和品格在指引人类，这与我们所说的上帝是一样的，而生活和科学的事实便能最好地被这个信念所阐释。只有当宗教是迷信的时候，科学才需要反对宗教，而宗教不必然就是迷信。崇拜是人类的一种普遍的功能，那些完全癫狂并需要精神病医生的人们是那些失掉了对上帝或他们宗教的信仰的人。当他们的信仰被恢复之时，很多人都恢复了正常。

第三次回叙府

当我回到叙府时，所有的教会成员都很沮丧，他们担心基督教堂某天就彻底垮了。与家人的分离令我难过，但在当时局势下，我又无法将他们一起带回中国。在其他浸礼会传教士返回叙府的几个月前，我独自返回并对华西的基督教工作做出很大的贡献。后面来的传教士或外国传教处的同事有时批评我，有时又表扬我。但这次华西浸礼会传教处的传教士或海外传教协会的会员，对我在如此危险的境况下牺牲自我和放下家庭回到教堂，与本土的基督徒和基督教干部们站在一起的举动只字未提。然而我们不能时刻期待被人感激，偶尔我们得到的感激比我们应得的要多得多。最重要的问题是：你有没有尽你所能做好一个人，履行你的职责。

我在西雅图登船，在船上，我与一个加拿大人同住一间客房。他在上海的标准石油公司上班。他评论道："我以为海外传教协会会仔细审查他们的传教士是否有强健的体魄。"我回答："他们当然检查了。"他说："但你的身体看上去并不太好。"之后几个月的时间里，我才慢慢恢复。

从宜昌开始，行程便变得十分危险。土匪们不断攻击来往的船只，枪击船身，伤害旅客。我们的船被攻击了一次，枪支一直追着我们打，直到船消失在他们的视野中。偶尔，土匪们会跟随船只移动，找机会实施抢劫。

到达叙府后，教堂的教友们到码头来欢迎我，放了一串鞭炮。他们说本想再给我一个更加隆重的迎接仪式，但又怕激起反对基督教的游行示威。

在教友们谈论教堂时，我听到的最多的一个词就是"垮杆"，意思是彻底崩溃。对他们来讲，这似乎是一个非常真实的险境，但我系统性地将他们的"垮杆"心理清除了。次年春天，他们问我："要开慕道班吗？"我说："如果有人来，我们就可以开。"他们问是否可以受洗。我说，即使只有一个人需要洗礼，我们也会为他举行。最终，大约25人参加慕道班，其中3人受洗。从那以后，教堂和教友们开始受到鼓舞，又有了希望。各方面的工作也有了进展。几个月后，莉迪亚·克劳福德小姐的到来为我们提供了很大的帮助，她是一名非常出色的传教士。后来阿切尔小姐、汤普金斯一家和其他传教士也来了。除了非基督教运动及其示威游行，在一段时期内，所有事情看上去似乎都很正常且顺利。

回叙府后直到1927年的圣诞节，我都是叙府唯一的传教士。那时，非基督教运动达到了高潮。我们的教堂没有对外宣布圣诞节的活动，人们偷偷地从教堂后门进来。中国内地会教堂举办了一场盛大的圣诞庆典并且四处宣传。反对基督教的人为此在中国内地会教堂门口举行了一场示威游行。在不声张的情况下，我们的教堂就被忽视了。我们的成员在愉快地享受了活动和仪式后悄悄地回家了。白天有一场盛大的反对基督教的示威游行，游行的人喊着"打倒帝国主义"和"摧毁基督教堂"的口号。类似的标语和纸条贴满了整个城市。

1928年1月7日至14日，基督教年会在嘉定举行。参会代表乘坐两艘船而来，一船男士，一船女士。在犍为附近，女士乘坐的那艘船坏了，不得不弃船。在这次会议上，唐纳德·费被授予了牧师职位。他是第一个在华西浸礼会被授予牧师职位的中国人。我发表了欢迎致辞，表达了我对中国人被授予圣职的喜悦之情。

我们回到叙府后不久，就是中国的春节。街上有舞龙队，特别是晚上，很是热闹。某晚，我到一条主街上去看舞龙，整条街道塞满了人。一位年轻的中国朋友走近，悄声告诉我当晚有人要捣乱，叫我赶紧回家。我一直觉得叙府的人都很友好，所以并不相信他们会搞出什么大乱子来，于是就留在原地继续看。正当我准备离开时，有人发出暗号，人群便开始朝我拥过来。我左推右攘，轻易地避开了人群而去。有几个人跟踪我。我碰巧遇到一名警察，于是请他让这几个人离开，他照做了。然后我拐进一个巷子回家了。

偶尔有人会跑到城墙上向我们的房顶扔石头，石头打碎瓦片引起漏雨。有时候我过街时，他们会对着我吼叫反对基督教的口号。但是，也有许多友好的人，包括教会成员和森长官。那些不友善的人希望赶走我，这样不久之后他们便可以拿走传教所的财物。我坚守阵地，教堂也在继续运作，后来越来越多的传教士回来了，终于重回正轨。

好几年间，宁远府（今西昌）都没有传教士，于是执行委员会派我去那里，并做一些调查。结果是其中的一个教友在出租教会的财产并以此牟利。此次调查，内地会拨了部分款项，史密森尼学会支付了余下部分以资助我的

葛维汉与叙府官员在一起（摄于1928年，后排右一为葛维汉）

标本搜集工作。当时克劳福德小姐在叙府,我出行后教堂就剩下她一人了。

到宁远府要经过雅州、清溪、汉源和越巂。在雅州到汉源的路上,我们必须小心土匪的突袭,走过汉源后又要预防猓猓的袭击。在路上,我们看到高高的柱子上挂着一个土匪的头颅。我们听闻猓猓会袭击路人,但还好我们没被其骚扰。从清溪县开始,当地正赶上严酷的旱灾。树叶纷纷掉落,水田干枯,田地龟裂。山就像被火烧过一般。稻米也枯黄了,垂着头奄奄一息。

在距宁远府约30公里处,大山屹立在城市的对面,几处庙宇若隐若现。有一个湖,湖心有几座小岛,其中一两个岛上有售卖茶水和食物的小店,湖面浮着成群的水鸟:真是个夏日度假的好地方。

我们到达后的第二天,当地朋友带我们到其中的一个岛上去游玩。上岛必须乘船。杨方曾和我带着手枪,一路上放了40多枪,最终收获了约40只鸟。第二天,我们穿过湖面参观了山里的庙宇。杨方曾帮我打鸟,陈季元(Chen Gin Yuan)则留在一座寺庙里负责抓捕野鼠和昆虫。我们带着食物,当我们去参观寺庙的时候,苦力的头头就负责给我们做饭。由于猓猓的袭击,庙门被子弹打得如同蜂窝。晚餐后我们启程回家,因为随时可能遭遇猓猓的偷袭,所以我们带了约15人的护卫队保证自己的安全。

晚餐我吃了比别人都多的蔬菜,之后我们启程回市区。在船上我又开始打鸟,收获了约40只鸟。这时候杨方曾却躺在甲板上,无所事事。我问他:"周围这么多鸟,你怎么躺着?"他说:"我也不知道怎么回事,感觉非常不舒服。"过了一会儿,我也开始觉得不舒服,剥皮工何寿春也有同样的感觉。在到达市区之前,忽然下起了倾盆大雨。大雨持续了两三天,直到水田里的水涨满,旱灾过去。整个地区都流传着这样一则新闻:因为我放枪惊醒了住在湖底的龙王,它才下雨结束了旱灾。宁远人因此很欢迎我的到来。

那时候我们连续十天都在生病,但还是坚持工作:搜集标本、研究宗教、完成教堂的工作。大约三天后,陈季元到达了市区。他拎出那个当晚为我们做晚餐的苦力头头,狠狠地训斥了他一番:"你差点把我们都给害死了!"我这才知道,陈季元把砒霜罐子放在了外面,苦力在不知道的情况下把它当成盐来做饭了。士兵们本来也打算用，但尝了下味道，觉得很苦就作罢了，不然有的士兵可能已经被毒死了。

返程第一天，由于没有吸食鸦片，一个苦力惨死在路上。我的手受伤并感染，开始向手臂扩散。我将伤口尽可能多地泡在热水里，同时使用消毒剂，终于痊愈。

我们在一个倮倮的村寨里待了几天，他们的首领李明峰（Li Ming Feng）是嘉定一个教堂的成员。他协助我购买了一些倮倮的古董并向我解释了倮倮的习俗和宗教。史密森尼学会的赫尔迪卡博士教过我如何做人类学方面的人体测量和调查，因此我一直坚持搜集关于汉人、倮倮和其他族群人种的数据。顺便说一下，我们是在到宁远府之前去的这个寨子，而不是在回来的路上。我拍了一些倮倮的照片，并记了很多笔记。我将绝大多数倮倮的手工制品带回并收藏在华西协合大学博物馆。和以往一样，其他自然史方面的标本寄回了史密森尼学会。

不久后，我得到了一个名不符实的"神枪手"的名号。当地人认为如果一个人能够打中一只正在飞行的小鸟，那他的枪法就十分出色。某日，我正路过一所倮倮的房子，发现他房子后面有两只鸽子。我绕行到房子前面，也就是鸽子的后面。这时鸽子受惊，左右齐飞，但我还是把它们都打下来了。这其实是很简单的射击，却给倮倮们留下了深刻的印象。

慕义说内地会成员很感激我们1927—1930年期间在叙府所做的贡献。

返回嘉定后，我带着采集者跟我一起去雅江地区的汉代墓穴里搜集物品，同时也搜集动植物标本。所有人都步行。回程中我突感不适。第二天晚上从岷江返回叙府的路上我非常难受，浑身出汗，衣服和床单都被汗水浸湿了。到叙府后，克劳福德小姐说我患了痢疾，并告诉我如何用药。十天后我才痊愈，从那以后我再也没患过痢疾。

我在叙府的工作十分繁重，既要帮助监管青年协会、教堂及其分站，还要管主日学校和分站学校。我起初是一个人，后面相当长一段时间也是一个人。我需要工作和兴趣爱好来保持积极的心态，而不陷入沮丧。与和家人在一起相比，独处的自己有大把的时间。当然，搜集自然史标本是一个很好的消磨时间的事情。我也在继续我对川苗和中国人宗教的研究。我在《教务杂志》上发表了很多文章，其中包括翻译的关于倮倮和汉人的宗教典籍。我利用中文老师的空闲时间做了一个关于叙府庙宇的调查，其结果也发表在《教务杂志》上。这些文章引起了人们的注意，一些人开始批评我花太多的时间在这些事情上，他们认为一个传教士没有权力去做传教工作之外的事情。

渐渐地，我堆放中文书的地方变成了一个小图书馆，专门供在中国的传教士阅读和学习。我们每年会有两次会议，每次持续数日。在会上，我们讨论问题并一起学习。在我下一次回国度假期间，吴德（Chester Wood）接手了这个事务。他上报了这个活动，并受到了高度赞扬。我在做这件事时并没有报告。

1929年的大会在雅州举行。非基督教运动对我们表现出了敌意。在一次会议中，一群人忽然跑进我们开会的教堂扔石头，教堂的一扇窗户被打碎了。当我们过街时，人们对着我们说难听的话。

那个夏天，我到雅州西部的穆坪（今宝兴）进行了一次标本采集。几个月前，罗斯福兄弟穿过此地并捕获了一只大熊猫。我们的运气不好，总碰不到哺乳动物，但我们捕获了很多鸟、蛇、青蛙和昆虫，包括大量的新物种。我带回了大约五万只昆虫。在从雅州回家的路上，两个带有武装的土匪突然冒出来，命令我们的船靠岸。船在湍流的河上行驶，我命令船夫继续划船。很快我们就划出了他们的视线，身后留下两声枪响。

有一次，我去分站办事，在祭天坝遇到一个叫王广英（Wang Guang Ying）的小女孩。她的父亲染上了鸦片瘾。我安排她去叙府的女子学校读书，直到初中毕业。她非常感激我。她毕业后，我又安排她去妇产医院学习当护士。后来她变得不受管束，最终被医院解雇。之后她在一所学校教了一阵子书，然后结婚了。婚后她生了两个孩子，但都不幸夭折，她丈夫又娶了一个妾。最后王广英疯了，常常被绑起来。

1930年春天，外交部长富兰克林博士访问华西。一些传教士向他打报告，说我不应该搜集自然史标本。他试图说服我不要继续搜集标本。我告诉他我都是在空闲时间做的这些事情，而且这会给传教士带来好声誉，同时也对传教事业有益。他并没有被我说服。当他听说我来年夏天要去藏地旅行时，他劝告我藏地之行将会十分危险，我不应该冒险前往。我则让他放心，我们会注意安全的。

富兰克林博士组织了一次夏季会议，地点在峨眉山。我当时打算尽可能远地向夹江走。夹江位于嘉定西北方向45公里处，我们可以把采集标本的工具暂时留在那儿，参加完会议，先回到夹江，再从这里去打箭炉。叶长青在打箭炉与我们会合，参加这次夏季采集标本之旅。夹江的小教堂已经部分倒塌，如果把采集标本的工具留在那里并不安全，于是我决定不参加会议直接去打箭炉。我给富兰克林博士写信解释了这个状况。一些人批评了我不参会的行为。我没有被安排演讲也没有任何会议要务，当然如果我能去是最好的。之后不久我听说富兰克林博士意欲以"危险"为借口，阻止我前往藏族居住区。柯培德博士夫妇也去了藏族居住区，有时与我们同行，但他们就没受到任何批评。

在这次旅行中，我们从多个角度欣赏了宏伟的贡嘎山。我从叶长青那里学到了很多藏人的风俗。我们向南行至九龙县，一路上收获了许多鸟、哺乳动物、昆虫、爬行动物……我们翻越了海拔4700多米的高山，另一座山海拔约4900米，还有一座则高达5200米。有一晚我们在海拔4900米的山上露营，那是一次愉悦的旅行。在一个大寺院里，我们观看了三天的"恶魔之舞"，我拍了照片也做了笔记，后来还写成文章发表在《华西边疆研究学会杂志》和《教务杂志》上。

也就是在那几年，我还写了一本关于古代四川的人工洞穴的小册子。这本小册子后来被史密森尼学会出版，是一本关于洞穴和中国历史一手研究的读物。

我的研究引起了华西协合大学的注意，以致我后来被邀请做学校考古、艺术和民族学博物馆的馆长，后来还得到了去哈佛大学学习一年的奖学金。

1929年，我成为英国皇家地理学会的成员，同时也成为美国人类学学会的会员。

1930年的秋天，从密歇根州希尔斯代尔搬到纽约费尔波特的过程中，慕义遇到了一些麻烦。她很久都没给我写信，因为她不想让我担心。

由于很久没有妻子和家人的消息，我很担忧，时常做噩梦。唐彼美医生建议我给妻子发一封电报，我照做了。不久我就收到了回电，上面说一切安好。

我本可以早点回家，因为三年任期已经过去，但我希望能更全面地把工作介绍给接替者，并带他参观每一个分站。接替我的人是吴德，我把手上的工作都移交给了他。

我在任的那几年，教会就像是一艘快要下沉的船；我离开时，它运转良好。吴德接手的头两年为我发展的很多信徒做了洗礼，直到他们接受了良好的教育并试用合格后才能成为教会成员。1911年，我接手教堂的时候大约有100多名信众，到我离开的时候大约有1000名。我在《教务杂志》《华西教会新闻》《华西边疆研究学会杂志》上发表了很多文章。除冬季探险之旅外，我还做了三次夏季旅行。我仔细记录了我发现的许多新物种和几个新种属，其中几个是以我的名字命名的。我也把几本中文书翻译成了英文，发表在《教务杂志》上。

外国传教协会认为他们不应该给一个在大学博物馆工作的传教士付工资，所以此后的近十年，我的学术奖金和工资都是哈佛燕京学社提供的。

在我这次任期服务期间，有一名旅行作家来过华西，他叫弗兰克，毕业于密歇根大学。他在多个国家穷游，住在传教士或者别人家里，从来不付食宿费。在华西，他从来不付食宿费，也不给用人小费。唐彼美医生也毕业于密歇根大学，所以在弗兰克第一次路过叙府时，他们一家热情地款待了他。汤普金斯和泰勒一家人对他的行为十分反感，以至于第二次他再经过叙府时，他们拒绝接待他。我怜悯他，于是请他到我家里吃住，也没收取任何费用。他也没给用人付过小费。不久后，他在书里说了些我的坏话，概括起来就是：我是一个夹在灵魂拯救和科学研究之间的人。不久后，《文学文摘》报道了他，并建议传教士们不要再收留他——他每到一处都在传教士家蹭吃蹭喝。

1927年末或1928年初的某天，几个叙府的山里人跑来说有只花豹被赶进一个煤矿洞，困在了那里。当时我是叙府唯一的传教士，他们问我是否可以用枪去把它杀掉。我带上大功率的来复枪和45口径的自动手枪，与他们前往花豹所在的地方。矿洞直径不到1米，在一处砂岩中，洞口被大大的石板层层盖住。村民们一层一层地移开石板，直到最后两块。从这两块石板的缝隙中可以窥见花豹。我用来复枪对准花豹的背部开了一枪，它一动不动。我又用手枪在同样的位置打了一枪。村民们移开石板时，花豹已经死了。

当我乘船顺流而下回国时，我知道这可能是我最后一次离开叙府了。以后我可能会被调往另一个地方传教。在叙府相当长一段时间的传教服务到此结束了。

第三个假期

那时我们全家已搬到费尔波特，住在玫瑰草坪大道的一栋房子里。我在家住了几星期，修剪草坪、整理花园……之后，我申请了芝加哥大学的某个研究生课程，跟随费伊—库珀·科尔教授和杜尔教授在伊利诺伊州的印第安人的墓穴里做考古发掘。

这个课程是为了训练学生做科学的考古发掘。所有的工作都是学生在老师的监督下亲手做的，同时有两到三个当地人帮忙。他们以前协助考古学家做过类似的发掘。学生必须学习考古发掘的各个方面的知识，包含一些特别重要的技能，比如使用铁铲、镐头、泥刀、三角测量器、刷子……只有熟练掌握了这些技能，才能在发掘最脆弱的陶器、骨头或其他手工制品的时候保护好它们而不至于让它们被敲碎。同时，要学会画地图、器物图。只有在这些细致的工作完成后，才能更精准地确定深度、坐标、地层和文化，才能阐释一个人群或几个人群曾经生活过的或死后被深埋在此的历史。考古学作为一门科学，是从事发掘工作的人必须熟知的，它在重新发现人类的历史和文化过程中创造了奇迹。

课程有考古发掘实践，有时三个发掘一起进行。我们写报告、做讨论、听讲座、学习方法论。我们认识到科学考古的价值和那些没受过训练的人发掘古迹的坏处。芝大有一个图书馆，里面有很多关于如何发掘古迹的图书以及一些美国过去考古工作的报告。

费伊—库珀·科尔是我遇到的最优秀的老师之一。这个事实在前次假期我跟他学习民族学和人类学时已明了，这个学期他变得更加超群。他也是我体质人类学和考古学的老师。

我所在班级的学生，是我平生所见最粗鲁、顽劣的人。所有人都公开宣称宗教毫无用处。他们以说出最糟糕的语言而洋洋自得。许多学生批判老师和课程，认为所学之课毫无意义。晚上他们时常在市区大吵大闹，然后醉醺醺地回来。因为我曾经是一名牧师，所以他们起初总是找我麻烦，我本想跟他们打一架，但又最大限度地控制住了自己。渐渐地，他们转变了态度，变得友好并尊重我。

科尔教授总是借给我需要之书，并与我讨论书中的问题。他还经常到我工作的地方指导我正在做的工作，直到我学会那项技能，他才说我可以继续学下一项了。如果其他考古场所有重要事情发生，他会开车接我去参观，并讲解事情的重要性。通常，掌握考古发掘的技术需要三个学期，但在他的特殊帮助下我只用了一个学期就学会了。之后我担任了一次考古发掘的记录者，承担第二重要的职责。最终我独立负责了一次考古发掘，同时撰写了发掘报告。在学期结束后，科尔教授亲手给我写了一份证明，证明我已经学会如何发掘，可以做科学的考古发掘了。

1931年春天，惠特曼学院授予了我荣誉科学博士学位。这可能是我此生被授予的最高荣誉。这非比寻常，因为我在大学里既没有专攻科学也不是以优等成绩从自己的专业毕业。我被授予这个学位，是因为我在自然史方面的标本搜集、研究，以及所写的文章和著作。在学位授予典礼上，我被授予学位，虽然没有证书，但彭罗斯校长亲手把惠特曼学院的博士帽兜搭在我的肩膀上。我因此有了两个博士帽兜，一个来自芝加哥大学，另一个则来自惠特曼学院。在授予荣誉学位这事上，惠特曼学院非常谨慎。在学位授予典礼上，另一位毕业于惠特曼学院的奥托·鲁普也被授予荣誉法学博士学位。我们成了好朋友。

有几个老师，或者说极少的几个，他们非常冷漠，可以说给留我下不好的印象。其中一个是哈佛大学人类学教授狄克逊。一些哈佛学者认为他是当时研究亚洲的最权威的人类学家之一，这也包括他自己，但事实上他不是。他专横傲慢又充满偏见。如果我在研究中有任何新发现，他都会说："那只是你的偏见。"那其实是他的偏见。他试图在一部大部头里挑战人类学家威斯勒关于文化区和文化传播的理论，结果威斯勒的理论却被证明是正确的。狄克逊最终伤害的是他自己。今天，威斯勒仍被视为美国最伟大的人类学家之一，但狄克逊却不是。他不公平和不友好的态度让我很不喜欢他。在一些课程中，老师告诉我："你做得很好，能拿到A。"大学里有个惯例，老师如果要提高或者降低学生已得的成绩，必须与学生商讨。而我在成绩单发下来时才知道所有的A都被降为了B。哈佛认为它是美国最好的大学，但我认为耶鲁、芝加哥和其他一些大学也不错。

我当时已经有了硕士和博士学位，所以在哈佛我没有读任何学位。或许这是一个错误，一些教授就此事说过我。如果你在一所大学跟一个教授读学位，那这个教授通常都会给你特殊的照顾。不读学位使我不得人心，并且也影响了我在成都做博物馆馆长的前途。

哈佛大学的评分制度特别严格，他们甚至出一些刁钻的题目来使部分人不及格。虽然我的分数在那里算很好的，但事实证明，一些科目并没有给到我应得的高分。我确实学到了一些关于考古学、民族学和人类学的十分有用的技能和知识。我学了一些新课程。总体上来讲，在某所大学的某个科系里，你待得越久，就越能缓慢但稳定地提高你的分数。哈佛大学的胡顿（Earnest Albert Hooton）教授是一位伟大的人类学家，全世界最伟大的人类学家之一。他打分十分严格，也出刁钻的问题，但总是十分公平。

我的同学们几乎都不信教，虽然有时候他们会问我一些关于信教的问题，但是没有我在芝加哥大学最初遇到的学生那样野蛮和不尊重人。在芝加哥大学，情形更艰难一些，因为前些年，芝加哥大学神学院有个学生为了让自己更受欢迎而不顾道德，随波逐流。

我觉得，在哈佛学习以及后来在哈佛任职时，哈佛有一到两人没有公平地对待我，或者说没有像我期待的那样鼓励我。不过我也不能忘记，是哈佛给了我一年的奖学金，而且系里绝大多数老师和同学都是友善和热心的。后来我在华西协合大学担任博物馆馆长时，哈佛燕京学社支付给我超过七年的工资。

哈佛的皮博迪自然历史博物馆拥有世界上最好的关于自然历史、文化和体质人类学的展品。顺便值得一提的是，这个博物馆的图书馆是保留我著作和论文最全的图书馆之一。而且，我带了很多藏族手工艺品回去，博物馆都买了下来，由他们保存和展览。

我们回中国一两年后，狄克逊就去世了，托泽退休，只有胡顿继续教课，他成为世界上最出色的人类学家之一。他修订再版了成名作《从猿猴开始》，在书临近结尾处，他表明：宗教、信仰上帝和教堂的存在都是有

回国期间，葛维汉一家和友人莫雷一家在纽约市以东的安大略湖畔野餐
（摄于1932年7月4日，右二、右三为葛维汉及妻子）

原因的。

　　距离我们回中国的时间越来越近，这次我们将去成都而不是去叙府。毫无疑问，玛格丽特和鲁思必须留在美国，但海丽特是个问题。她对我们不带她回中国表示十分失望，这件事给她带来了伤害。我本应该把原因向她解释得再清楚一些：一是我不确定她在成都是否可以读完高中，她可能会辍学在家一年甚至更长时间；二是传教工作的薪水微薄，慕义和我可以享受回中国的半价船票，但海丽特已经满十二岁，给她买票会花我们票价的双倍。另外，我听别的传教士家庭说，最好让孩子们待在一起。

　　对我们来讲，在中国最难的事情就是必须忍受和孩子的分离。

　　慕义和我不能也不会说在抚养孩子这件事上没有犯过错误。我们希望，也相信我们所犯的过错会被大家谅解。每个女儿对我们的友善和爱意都让我们非常开心和幸福。老实说，我们并不知道自己最爱哪一个女儿，但我们知道，我们深爱每一个孩子。

在成都的第一任期

费尔朴（D. L. Phelps）博士应该在我们到达之前①，将门牌为29号的我们的房子准备妥当，但由于房子刚粉刷过，所以必须等几天才能住进去。我们被迫将行李堆在走廊里。因为隔壁的外国小孩把走廊的屋顶破坏了，所以下雨时，雨水彻底打湿了我们的行李。一些珍贵的图书和东西损坏了。

我们只有几天时间来整理房间和安顿下来，之后我就去博物馆②工作了。搜集来的许多自然史标本和6000多件考古学、民族学标本存放在图书馆二楼。我把自然史标本清理出来并送去了科学楼，准备开一个自然史博物馆。其他种类的标本则分类陈列。其中一些标本是戴谦和教授、陶然士牧师、叶长青等人所搜集的，还有一些是其他人搜集的，包括我。戴谦和教授是前任馆长，他一人肩负三四人的工作，所以博物馆的记录未能妥善保存。有的标签或记录被蛀蚀到已无法认读。博物馆有很多活儿要干，大学派给我一位未经专业训练的中国老师或者说秘书，工作很快启动。我做了一大本保存记录。我们得到了一笔钱用来给博物馆购买收藏品。我们计划通过考古发

---

① 葛维汉及其妻女到达成都的时间为1932年9月30日。
② 华西协合大学博物馆于1932年正式建馆。之前为华西协合大学博物部，含考古、自然历史、人类医牙三大博物。创建于1914年，戴谦和为部长。葛维汉到成都后不久被聘为华西协合大学博物馆馆长。

掘、旅行搜集和购买来增加博物馆的馆藏，当然也不排除通过接受捐赠的方式。

我们受到了华西协合大学的热烈欢迎，在学校的教员会议中我们被正式介绍给大家。我的名字被列入一些重要的委员会里，例如之后才被命名的哈佛燕京学社委员会。后来我们才知道哈佛燕京学社并不同意我们使用这个名字。

中国研究学院由中国的老学者们组成，他们没有受过科学的训练，在其研究领域，他们反对现代科学，但又羡慕现代科学的声誉。当时的非基督教运动还在进行，很多人怀疑我们成立博物馆是为了悄悄把东西运输到国外去。

为了消除人们的敌对情绪和怀疑心理，1932年我们自己出钱举办了一场盛大的晚宴，因为博物馆不能提供这笔经费，邀请了大约二十位当地重要人士参加。我们向公众展示藏品，并向他们解释博物馆的教育意义，而博物馆内所有的东西都会永远为四川人保留在那里。

桃乐西和珍到达成都后，就立马在加拿大学校上学了。

在华西协合大学里，我偶尔也教授人类学和考古学的课程。

我恢复了和川苗的联系，并且花了几年时间系统地研究他们的语言、传说、习俗和仪式。我的事情不够多吗？在教堂里帮忙、安排展览、分类展品、做研究、搜集标本、偶尔做考古发掘、搜集旅行、写学术文章，等等。而博物馆只有我们两人，所以很多时候事情不可能做到我期望的那么好。

1932年秋季，布告栏里写着如下这段话：

> 葛维汉博士的到来使得本院的工作可以在哈佛燕京学社委员会的带领下推进。葛维汉博士受哈佛燕京学社资助，在芝加哥大学受过特训，完全能胜任此工作。1927年，他在芝加哥大学获得哲学博士学位；1929年，他成为英国皇家地理学会成员；1931年，他被母校授予荣誉科学博士学位。

值得注意的是，我在哈佛做特殊准备的那一年根本没有提及，当时我还获得了那个学会的奖学金。这很遗憾，因为哈佛大学很看重学会的声誉。不过，后来哈佛大学还强烈地表示，那位推动进步的博物馆馆长，曾经在哈佛大学接受过训练。

我在中国的第一次考古发掘不甚起眼，就发生在我们家的后院。我发现岩石河床上的沙土沉积物的形成时间不晚于明初。后来，发掘出土的陶片和钱币证实了这一点。

老琉璃厂窑址，宋朝的瓷窑，在南大门外15公里处。我在那里发掘了一小部分，直到一个在附近有祖坟的当地人跑来闹事。那个当地人很迷信，认为我们的发掘会破坏他家的运气，因为他家祖坟就在旁边。在这次发掘中，我发现了一些各式各样的陶器碎片，这些碎片也在其他地方发现过。每天早晨，我们回到窑址工作时，都会发现发掘现场被当地人破坏过，他们用手挖出里面的盘子拿去卖。

我被选入成都浸礼会教堂的执行委员会及福音传道委员会。不久后，我又被选入布道所财产委员会和成都浸礼会财产委员会。

桃乐西和珍一定对大学路旁美丽的楠木印象深刻。它们是四季常青的硬木树，最初种植的时候只是小幼苗，与柳树苗间种。但由于楠木生长缓慢，柳树疯长，很快就遮住了楠木。戴谦和与我发现柳树遮住了楠木，虽然楠木已经长得比较高了，但我们觉得应该砍掉柳树给楠木一个长大的机会。费尔朴夫妇与我们争执了两个月，想牺牲楠木保住柳树。几个月后，我和戴谦和胜利了。之后不久，我们拥有整个校园里最好的树，这说明我们俩判断正确——与此同时，四处的柳树开始大量被砍掉。

陶然士当时被认为是中国青铜器、陶器、瓷器及很多其他中国器物最权威的研究人士，所以在搜集标本和记录材料方面他是我最主要的顾问。后来我发现他犯了一些我必须纠正的错误。陶然士是第一个确认汉代汉人墓葬的外国人，之前的人都认为这些墓葬是史前时期当地人的墓葬。他探访过许多这样的墓葬，这次我们计划去江口①，开墓发掘里面的物件，以充实博物馆的馆藏。学校的一位中国籍教员写信给江口的一个地方官，报告了我们的行动和打算。他说这件事会给当地带来极大的破坏。所以，当我们开始收集物品时，一个军官带着武装部队突然出现，强制我们停止，并将船只和我们收集到的物件带回江口。我们被关在一幢大楼里，有专人监视，不准我们出门，也不准给成都方面写信。他们还没收了我们所收集到的器物。

我们被严厉地批评、指责，说我们做了一件大错事。第二天一早，我们被带到船上，去往地方政府所在地彭山县。地方官指责说，陶然士进了中国内地会传教士文森特家的前门后，把中国士兵锁在了门外——我告诉他，我们正在为博物馆做科学的考古发掘，并没有触犯任何法律。他叫我去文森特家里待着。陶然士和文森特提议我们次日潜回成都。没有当地官员开具的通行证，我拒绝回去。之后我们得到通行证并返回成都。我见了校长和学校其他行政人员并告诉他们，以后如果没有政府的保护及配合，我将不再从事博物馆文物收集工作，但是我会心安理得地领工资。之后学校的领导都尽力配合我们的工作。

接下来的几周甚至几个月的时间我都在忙博物馆的事情，同时在华西协合大学教授考古学和人类学课程，还参与管理传教分站和参加教堂会议，等等。偶尔我会在教堂代主日学校的课，参加教堂执行会议等。

发掘墓葬的工作停止了，文件上说我们玷污了中国的古代墓葬。继续做考古发掘不是一个明智的选择，但是中国的小商人和不法商贩却肆意抢夺和售卖墓葬里的文物。如果我们能自己发掘是最好的，然而我们只能从他们手中购买那些文物。

华西协合大学博物馆变得颇受欢迎，几乎每日都有重要人士到此参观，中国的学者们也常结伴到博物馆参观。通常，我需要陪伴他们并给他们讲解。

次年暑假，与陶然士为伴，我去了羌人和嘉绒藏人居住的杂谷脑地区考

---

① 葛维汉和陶然士去江口的时间为1933年4月底。

察。陶然士与羌人相熟，整个夏天他都在几个村子里布道，偶尔在山溪里为新教徒做洗礼。他与当地人相敬互爱。他写了关于羌人习俗的文章，认为他们是失踪的以色列部落中的希伯来人，信奉一神教。虽然这两个结论都是错的，但陶然士说服了羌人，让他们对他的这一说法深信不疑。

我和陶然士一起旅行，从东门外（寨名）向更深的沟行进。他在东门外建了一座教堂。我们到达了这个地区的最后一个寨子——海拔约5200米的阿尔寨收集标本。整个夏天，我带着我的采集者们给史密森尼学会搜集自然史标本，也为博物馆搜集羌人的手工艺品。我也开始做关于羌人习俗和宗教的研究。

在阿尔寨，森林里有熊栖息，我们组织了一次大型的捕猎活动。猎手们把熊朝我的方向赶，大约270米远时我用大威力步枪射杀了它。子弹打穿了熊的脑袋。还有一天，我在悬崖峭壁上射杀了三头岩羊。猎手们想糊弄我偷走一只，但没有成功。

我和陶然士一起去了九子屯，在那里观看了羌人的舞蹈，之后又转去杂谷脑观看嘉绒藏人的舞蹈。

我们回到彭山，并经历了一场严重的地震①。山体滑坡导致大量的人畜死亡。在叠溪，我们遇到整座崩塌的山体，地震毁掉了山下的一切，并形成了一个很大的堰塞湖。

记忆里仿佛是1933年末，我在博物馆工作时遭遇了一场奇怪而十分痛苦的事故。博物馆里没有暖气，十分阴冷潮湿。我正在博物馆对收集到的物品分类。我走进北边的一间储藏室，储藏室的屋顶很矮，必须弯腰才能走进去。有几块很厚很宽又很长的玻璃，被绳子或纸板捆绑在一起。我那时习惯自己拿重物，于是在储藏室里半蹲着就把这些厚玻璃举了起来。忽然我感觉身体一侧的骶骨和股骨之间的韧带断裂，于是被迫在地上爬行，缓缓滑至下楼的门前，引起了别人的注意，才被抬回家。我在床上躺了很久，直至康复。那时候，我连翻身都很痛、很危险。现在，那里已经没有

---

① 此处地震为1933年8月的叠溪大地震。

葛维汉在村民的要求下射杀了熊（摄于1933年）

受伤的痕迹了。

对慕義来讲，1934年是特别忙乱的一年。1月11日，她开始生病。2月2日，她忽然大出血被送去医院。2月9日还是10日，她接受了输血。医生验了我和她的血，说我的血可以输给她。结果他们犯了一个大错误。后来的检验显示，假如输我的血可能会害死她。事实也是如此。那一年医生两次到我家，告诉我慕義可能活不成了，叫我做最坏的心理准备。这是其中一次。医生说他从没见过哪个血液情况像慕義这么差的病人最后还能康复的。内地会的杨莫尔女士是位护士，她每晚到我家来陪护慕義，以确保慕義能够随时得到照顾。有一次，慕義问道："有人为我祈祷吗？"杨女士听到后，就广为散布这个消息，请大家都为她祈祷。某天凌晨，杨女士发现慕義有了好转的迹象。之后她回到与辛顿太太同住的家，辛顿太太问她："病人怎么样了呢？"她回答："有了好转的迹象。""是什么时候的事呢？"她说了时间。辛顿太太说她熬夜为慕义祈祷，就在那晚她感到事情一定会变好的，慕义会好起来，于是她去睡觉了。医院的医生和护士努力工作，竭尽所能救助慕义，因为她对她的五个孩子来说意义非凡。

在慕义住院期间，我日记里经常出现一句话："在医院探望慕义。"桃乐西和珍继续在加拿大学校上学，我也继续开展各方面的工作。

有一队重要的喇嘛到成都来参观我们的博物馆和大学①。他们的翻译杨青云（索囊仁青）先生是嘉绒藏人，后来到博物馆来协助我，帮我辨认博物馆里的藏人物件。之后我们又得到一个喇嘛的帮助。他与我们共事了一段时间，给博物馆陈列藏族物品的区域举行了开光仪式，这个地方从此变成一个神圣之地，里面的物件也都被赋予了神性。

4月25日，慕义终于出院了。那天救护车忙，所以她是被担架抬回家的。

博物馆成了校园里最受欢迎的地方，有些时候参观者达到几百人。5月6日有超过500人来博物馆参观。

5月6日，慕义在医院做了一个大手术。

在我们最后一次度假中，四川汉州附近的太平场有一个重大发现。一个农民在挖掘灌溉水沟的过程中挖到了一些古玉。当时有人预测，如果在这里进行考古发掘的话，应该可以找到更多的古器物。

我和汉州的英国传教士董笃宜（Donnithorne）取得了联系，并通过他和汉州当地官员进行沟通。1934年3月1日，我亲自到汉州去见政府官员以取得器物发掘的许可证明。让我惊讶的是，政府官员当天已经派人去现场发掘了，以期找到更有价值的器物。因为他们没有科学考古发掘方面的知识，所以我力劝他们允许我去做发掘。他们最终叫回了前去挖宝的人。

虽然慕义已经有所好转，但病情仍然很重。当我告诉她这个考古点以及当地政府官员想自行发掘，且他们的发掘会损坏器物进而无法进行科学研究时，她让我赶紧去做发掘。于是，3月5日，我又回了汉州，带齐了考古装

---

① 1934年1月22日，杂谷脑宝殿寺的32位僧人到华西协合大学参观。

备，准备发掘。我还带上了博物馆助理林名均。

我们把遗址分割为1.5米的探方，然后挖了一条和那条灌溉沟渠平行的1.5米宽的沟。灌溉沟渠是最早发现玉器的地方，我们把沟渠的水引入新沟渠，抽干其底部的水，首先在那里进行发掘。然后我们又把水导回沟渠，进而发掘整个区域的遗址。

汉州附近有几帮土匪，在我们发掘过程中，他们在我们的不远处，绑架了当地一个妇人作为"肥猪"以勒索赎金。随时有军事警卫保护我们，天黑后我们时常需要立即从一家转移到另一家或者附近的庙里，这样假如土匪来了便会扑空。

当地官员把发掘出的器物捐给了我们的博物馆，我写了一个初步的报告。这些器物是在华西地区发掘的最古老的器物，最晚不超过公元前1000年。这次发掘在中国及世界其他地区产生了广泛的影响，我们收到几封来自其他考古学家的表扬信。这件事让其他人十分羡慕。

这之后，中国的法律就规定我们不能再有在中国做考古发掘的权利。我在学校园区里做了一个考古发掘，也遇到了麻烦。自此之后，每当学校申请进行考古发掘时，不是被忽略就是被拒绝。我唯一可以进行发掘的地点是那些由于建造飞机场或公路等被毁坏的墓葬或遗址。我可以找当地政府裁决此处需要做考古发掘，他们总是让我负责发掘，但是所找到的器物都由他们保管。不过我可以研究这些物品并撰写相关报告。政府根本无法约束售卖古董的商人，他们对每一处所知的遗址进行洗劫，对科学界和考古学界而言，这是不可挽回的损失。我们所能做的就是尽量从这些商人手里购买器物。如果中研院允许我们发掘遗址并保存古物的话，将是更加明智的做法。琉璃厂和邛州（今邛崃）遗址里的大型陶器不久后被几百人洗劫，这些都是当地政府官员默许的。我们所能做的就是从这些人手里购买标本。

1934年6月9日，我在华西边疆研究学会做了一次关于研究方法的演讲。学会规定两年内同一个学者只能做一次讲座，除非有特殊情况才能提出一年一次的申请。我这种情况非常少见。

我们一家人在峨眉山度过夏天，就住在我们新开寺的小平房里。杨莫尔、马桥利·迈尔和道格拉斯·萨金特与我们同住。我搞到了一匹小马驹给迈尔女士和孩子们骑。这个夏天，我派了一些采集者在峨眉山高海拔处收集标本，我自己则去了川苗地区研究川苗，同时为博物馆收集手工艺品，特别是他们的刺绣品，也为史密森尼学会搜集自然史标本。

我提前给川苗朋友写信，告知他们我将拜访的消息，之后我又派了专门的信使告诉他们到达的具体方式和日期。我受到了此生最为隆重的欢迎。大约一百名小学生和许多男人、妇女，站在高地边，手持飘扬的旗帜，吹着喇叭。旗帜和喇叭尾随我们，伴随着一些特殊的仪式，我被送到将要居住的王先生家里。之后我们享用了丰盛的晚宴，参加的还有当地的汉人官员和教育处的领导们。那是一次愉快的晚宴。之后他们协助我买到了能找到的最为古老的刺绣品，教我川苗的语言和习俗，还帮我收集民间故事。他们对我心存爱戴，因为我是第一个来自他们外部的对他们感兴趣且愿意提供帮助的人。特别是我把基督教介绍给他们，并提议他们修建现代学校。我记了很多笔记，拍了很多照片。

我询问他们这个区域是否有石斧，答案是有的。我提出购买石斧，于是买到了差不多一担子。这是我在华西收获此类工具最多的一次。

珙县洛表镇附近，以及长宁县、珙县南部，有很多悬崖，上面悬挂着很多奇怪的木棺。据说是僰人（白人）所置。僰人可能是汉人迁至四川之前本地的掸人或傣族人，在四五百年前，他们可能还生活在这个地区。我考察过一些重要的崖葬，研究了墓葬器物，写了几篇文章发表在《华西边疆研究学会杂志》上。在低地处，我也发现了一些墓穴，在里面收集到一些陶器，并做了相关研究。

这是一次非常有趣且成果丰硕的考察。

我们提早回到成都。9月7日，桃乐西和珍做了扁桃体切除手术。

这次任期之初，我的川苗朋友杨方曾来到成都，开始帮我在成都以西的高原地区收集标本。他带着我的温彻斯特霰弹枪，捕获了不少大型哺乳动物，还有很多用手枪捕获的鸟。他雄心满满地想要杀掉几头羚牛（中文名俗称"野牛"）。我听说很多猎人被羚牛伤害或者杀死，所以我前后三次去信叫杨方曾不要去捕猎羚牛。他无视我的劝阻，独自跑到高山里捕杀羚牛。让人料想不到的是，低处的干草甸被人点着，整座山都被烧光了。杨方曾虽然爬到一棵常青树上，但树着火后竟把他烧死了。他随身携带的枪和望远镜都坏了。我请人把他的遗体转送到映秀湾附近葬了，并立了一块石碑。我最好的川苗朋友以此悲剧落幕，令人伤心。

从1927年到1931年，我的大部分文章发表在《教务杂志》上。主编乐灵生成为我的好友之一。他很欣赏我的作品，从未拒绝我的任何一篇文章。1931年后，我的绝大多数文章发表在《华西边疆研究学会杂志》上。杂志主编启真道（Leslie G. Kilborn）也成为我的挚友。他十分赏识我，给予了我充分的帮助。除了《中国陶瓷的历史》延期发表，他从未拒绝过我的文章。每期杂志都刊登我4到7篇论文和报告。例如，1937年第九期的杂志里刊登了我的7篇论文和报告，其中两篇很长，所以那期杂志超过一半的文章出自我的笔下。

1935年夏天，我决定再去川苗地区做一次夏季考察，以期收集更多的陶器和刺绣品，包括做更多的科学记录和笔记，以及拍更多的照片。因为家人在峨眉山避暑，所以我也安排了人在峨眉山搜集标本。

何寿春是我之前的厨子何彬臣的亲戚，何彬臣在我们出行考察时担任厨师和给动物标本剥皮。何寿春年老体弱，又因为饮酒患了胃溃疡，我只能辞掉他。1948年我们经过叙府时，听说他以在路旁的站台卖酒为生，而且他已经虚弱得几乎无法行走了。

在川苗地区我又新交了两位苗人朋友。一位是王先生，我之后把他带回成都并让他在高崎中学读完初中；另一位则是熊朝嵩，一位能读书写字的福音传教士。毕业后，王先生表现出很强的领导能力，最终被授予圣职，负责川苗地区的一个教区。几年间，熊朝嵩帮我在川苗地区收集了很多苗族的故事、歌谣和传说。偶尔他会到成都来帮我做翻译，我在叙府和王武寨的川苗地区时，他也来帮过忙。在一次泸州考察之旅结束后，他突发恶疾，与世长辞。

我的薪水由哈佛燕京学社发放，我也是华西浸礼会传教处的成员，之后还被选入很多委员会，包括咨询委员会、财产委员会等。差不多在这个时期，我又被任命管理华西协合大学万德门宿舍楼，直到下一次回国休长假之前。

此时，共济会在成都成立，作为菲律宾共济总会的分会。我父亲、祖父母都是共济会的成员，所以我第一个申请了会员，成为成都共济会的创始人之一。不久后扶轮社在成都开了分社，我也是创始人之一。

我们和很多成都人成了朋友，包括分管教堂和教育的领导，以及科学家、商人。我们也与许多西方传教士、政客、科学家、旅行家、商人成了朋友。我们时常在家中款待他们，因为慕義是一个贤内助兼优秀的厨师。我们在中国雇佣过的每个厨师后来都成了名厨，这有赖于慕義的辅导和监督。

1936年3月初，我去了叙府，想从那里进入川苗地区研究他们的风俗和语言，并且找人协助翻译川苗的歌谣和故事。因为盗匪的原因，我无法前往叙府更南边的地方，所以我派了个信使请熊朝嵩和其他人到叙府来帮忙。他们在叙府住了几星期，以协助我的工作。月末，当地政府在北城门外为演习和阅兵平整了一块地。他们必须推平一个大土堆。在挖土的过程中，发现这个土堆是人工垒成的两座汉代的砖墓。他们不知道墓的年代，所以我赶紧去告诉地方官冷庄云（Len Chuang Yuen）。他假装不相信我的话，却派了一人看管墓穴，并下令与墓穴相关的事情都要向他汇报。我继续游说叙府的地方官，以唤起他们的重视。之后叙府报社的一名记者来采访我，我告诉他2000年来叙府从未发现过这样的墓穴，之后也未必会有，这些墓葬应该被科学地发掘。他的报道终于引起了叙府当地官员的重视，他们召开了一次大会，冷庄云也出席了。除了把墓穴考古移交给博物馆学会和叙府教育部门，他也无颜再有别的行动。他们决定发掘古墓并把文物保存在叙府博物馆里。我被指定监督这次发掘，也被允许研究墓葬、绘图和拍照，撰写发掘报告并且发表。这是一项很高的权力。

春天，中国哈佛燕京学社的负责人博晨光（Lucius C. Porter）来成都，住在我家。我带他参观了博物馆，护送他去琉璃厂窑址参观，之后又去了峨眉山。在去峨眉山的途中，他摔了一跤，断了一根肋骨。

1936年春季年会上，我被选为华西边疆研究学会会长。10月，我在学会做了讲座。

夏天我再一次去了川苗地区。我带着莫尔思博士去做体质人类学测量并开设诊所，刘延龄博士研究苗人的口腔疾病及膳食，同时开展牙科工作。他们分别带了几名医学和口腔学的中国学生帮忙。我带了一个电影摄影机，拍摄了电影。一名川苗妇人去世了，这让我有机会观察、拍摄和记录她的葬礼。

我们全家在峨眉山的新开寺度过了酷暑。

郑德坤博士那时已在成都。1936年9月，郑德坤、贝德福德博士——一名年轻的英国考古学家，和我一起去邛州考察了有名的唐代窑址，并收集了一些标本。

同年，卢修斯·波特博士安排我在华东地区做了一次长途旅行。此次旅行中，我参观了华东重要的标本、博物馆、大学以及考古遗址，也为我们的博物馆收集了一些标本。我到访过上海、南京、济南、安阳（有中国最好的古代遗址）、天津、北京、西安、汉口和长沙。我在以下大学做了一场或者两场关于川苗习俗和华西考古的讲座：沪江大学、圣约翰大学、金陵大学（今南京大学）、燕京大学、北京协和医学院、北京协和话语学校①以及国立北京大学。我也学习到许多关于中国考古、艺术和历史方面的知识。我还参观了北京附近发现北京人头骨的地方，我在北京时，有三个头骨被发现②。

---

① 原文为Peking Union Language School，或为North China Union Language School（华北协和话语学校）之误。
② 1936年，贾兰坡主持周口店遗址发掘工作，连续发现三个完整的北京人头骨。

1937年春天，哈佛燕京学社社长叶理绥（Serge Elisseeff）博士来访成都。早在他到来之前，他就已经传话给博晨光博士，他将取代我成为博物馆的馆长。这样做的原因是我没有在哈佛得到学位，哈佛大学从我的学科工作中得不到任何荣誉，以及事实上是哈佛燕京学社在支付我的工资。他写报告提出建议，学社接受了他的建议。他也计划送郑德坤去哈佛读博士学位，学成之后由他来成都担任博物馆馆长。

学校和学院都就此提出抗议，但都无济于事。外国传教处则申明，如果由另一个人做博物馆馆长，我将会被召回做传教工作。我继续担任馆长直到我下一次回国休假。

1937年夏，我和享有盛名的安特生（J. G. Andersson）博士到西藏东部做了一次考察。我们经打箭炉，过道孚，之后我又往前走了几天才回到大队伍。我不愿意再与安特生一起去任何地方。他很不友好，偶尔十分粗俗、蛮横。考察之旅不是很成功。我带着我的搜集者们，当我们在考察遗址时，搜集者们就在为史密森尼学会搜集标本。

晚秋至早冬时节，芭芭拉·廷克、舒斯特博士及斯甘曼（Schuyler Cammann）到了成都并在博物馆工作。圣诞节前，我和斯甘曼去羌族地区和杂谷脑地区为博物馆搜集标本。

那一年，我让刘延龄在卓伟夫人和罗夫人的帮助下学习川苗的音乐，随后的文章发表在了《华西边疆研究学会杂志》上。

1938年春，我去重庆发掘了一处汉代遗址，在卫理公会中学的操场上发掘了三座墓葬。当时偶尔有日军空袭，人们不断爆破坡面来做防空洞。在河对面，我发现了一处宋代天目釉瓷器窑址。同年，中国艺术家徐先生在博物馆展出了他的画作。

同年夏，我待在成都，但我派了搜集者和金陵大学的科学家们合作，去灌县西部搜集标本。在《华西边疆研究学会杂志》上，我发表了8篇论文，2篇报告。

在成都期间，我十分繁忙，总是接待世界各地，包括中国来访的重要

葛维汉的女儿桃乐西和珍在欣赏成都雪景（摄于1938年2月）

人士。

1937年夏天，抗日战争全面爆发，成千上万的华东精英辗转西迁。我在给浸礼会的报告里将这次迁徙称为"人类史上最伟大的迁徙"，报告后来发表了。金陵女子大学、金陵大学率先迁来，之后山东齐鲁大学也迁至成都，共同驻在华西协合大学校园里。这是一次向华东避难者示好和提供帮助的机会，但我们学校部分中国老师、学生以及外国老师却有些许抱怨，未表现出热烈的欢迎。金陵女子大学校长吴贻芳向我求助，希望我能允许他们在万德堂上课。我愉快地同意了此事，并安排她们在万德堂体育场上体育课。她和她的同事们都十分感激，在我回美国度假时，她写了一封感谢信给我，还送给我一幅绣着杭州西湖美景的挂毯。

下面是1938年发生的几件大事：

1月2日，见到哈罗斯夫人，并见到了大熊猫幼崽。她在书里声称大熊猫幼崽是被她捕获的，但事实上是她买来的。捕获大熊猫这样的故事当然更加动人心弦。她教我如何成功地喂养大熊猫幼崽。

1月29日，日本轰炸重庆，首次投放约300枚炸弹。

2月7日，一只德国警犬"吉普赛"咬伤了我们的猎狐狗"小顽皮"，它因此死去，三位女士都伤心地哭了。

3月24至26日，徐画家和程先生在博物馆办展览。

4月17日，我在浸礼会教堂为桃乐西做洗礼。

4月24日，郑德坤启程前往哈佛。

7月29日之后，巴伦·埃克斯坦特到访，他与我一起待了段日子，在四川做人类学研究。中国人怀疑他是间谍。

夏天，全家人在峨眉山避暑。

10月6日，葛慕義突发心悸。

10月23日，范度森（Henry P. Van Dusen），纽约协和神学院校长，知名作家和基督教领导，和冯威廉（William P. Fenn）莅临我们的博物馆。

11月7日，日本第一次空袭成都，出动17架轰炸机。我参加了一次扶轮会议。

这一年的部分时间我在研究两大窑址的陶瓷器物，一个是唐代邛州遗址，另一个是宋代琉璃厂遗址。文章发表在1939年出版的《华西边疆研究学会杂志》第11卷，有大量插图，其中一些是彩色的。我还写了关于中国汉代砌砖模式的文章，1939年1月11日发表在《华西边疆研究学会杂志》上。

我把最后一箱自然史标本船运给史密森尼学会，自此结束了一段相当长时间的、令人愉悦和收获颇丰的为学会搜集标本的项目。史密森尼学会所有职员和管理者都十分友善亲和，具有欣赏力。学会出版了我的两本

珍和好朋友安妮·肯纳德与大熊猫合影（摄于1938年4月）

书，这让我感到非常荣幸，并给了我很大的帮助。希望学会能够出版正在审核的我的第三本书——《川苗的歌谣和故事》。在为学会搜集标本的过程中，我得以在学会的资助下到华西和四川西北部藏区多地旅行考察，我对此甚为感激。

第四次回家之旅

搜集自然史标本变得越来越难,我在其他方面的责任也越来越重,因此,我在1939年结束了史密森尼学会的搜集工作。官方记载我为学会共寄去387000多件标本,但存在几种或几十种昆虫被归为一类并记录为一件标本的情况,所以我实际寄去的标本数量超过40万件。其中有9个新种属,约250个新物种,29个物种和种属以我的名字命名。在全世界的博物馆中,史密森尼学会在华西搜集的标本可谓最广最多。这些标本现在被长久、妥善地保存着。

具体是哪一天离开成都的,我们已经不记得了,也许桃乐西还记得,但可以确定的是,1939年4月20日那天,我们在越南河内市游览,并参观了一座精美的博物馆。我们先乘火车到西贡(今胡志明市),然后换乘汽车到越南首都和柬埔寨吴哥窟。吴哥窟是世界上最伟大的历史遗迹之一。返回西贡后,我们乘坐一艘法国汽轮,途经新加坡、锡兰(今斯里兰卡),最终抵达苏伊士运河。在那里下船后,转乘汽车穿过沙漠来到开罗,参观了金字塔,并在当地购物。当汽船再一次出现在运河上时,我们乘船离开,路过意大利和法国马赛,下船后转乘火车到罗马,又返回佛罗伦萨、米兰,最后到达巴黎。我们在每个城市都小住了几天。

葛维汉一家在去往柬埔寨吴哥窟的途中（摄于1939年）

在巴黎，我们参观了许多历史遗迹，包括卢浮宫及其他博物馆。之后我们到了伦敦，在那儿待了一个多星期，参观了大英博物馆、维多利亚与艾伯特博物馆等，以及一些教堂和其他景点。接着，我们坐火车到了南安普敦，见到了博尔·佩吉小姐和她先生。就在第二次世界大战全面爆发前夕，我们乘船回到了美国。在纽约，我们见到鲁思，她和我们一起去了罗切斯特，并和我们一起度过了这次假期。我们的行李在通关时，遇到一点小麻烦。

在罗切斯特，我们住在罗切斯特神学院的牧师公寓。我没在神学院上课，但是旁听了很多课，还在图书馆读了很多书。玛格丽特在去堪萨斯州的护士学校前，一直和我们住在一起。在这儿，我们很享受探亲访友的时光。我也做了许多教会安排的工作，在几个州的教堂和会议上做了演讲。

但凡有机会，我在所到之处，都会呼吁人们关注中国的情况并采取公正的态度，请求他们给参议院和众议院的议员写信，要求美国停止给日本运送战略物资。我自己也写了这样的呼吁信，包括给美国总统和国务卿的两封。

最令我意外的事情是，在威斯敏斯特教堂，最重要的位置是留给大卫·利文斯通的，他的坟墓就在那儿。当导游说这里是教堂最为重要的地点时，他认为林肯应该在大卫·利文斯通的旁边。

以上是一些琐细的趣事。现在我们要围绕前述内容，补充一些细节。

1939年4月26日，我们租车去了柬埔寨的首都金边，在那参观了博物馆和皇宫。我们看到一个全身塑金的菩萨，菩萨身上装饰有钻石，总价值约200万美元。第二天，我们去了吴哥窟所在地暹罗市，花了几天时间参观石碑和庙宇。4月30日返回西贡。

1939年5月2日，我们乘汽轮从西贡出发。5月4日到达新加坡，5月9日乘汽轮到达科伦坡，停靠在斯里兰卡的某个湖畔。我们下船到新加坡和科伦坡的商店闲逛。5月15日，我们到达非洲的吉布提，5月19日到达苏伊士，开启汽车之旅，穿过沙漠到达开罗，参观了金字塔和商铺等。5月21日经过克里特岛。5月23日穿过墨西拿海峡，之后看到了活火山。5月24日到达法国马赛。5月26日抵达罗马，探访了地下墓穴、罗马教廷及其他名胜古迹。5月31日到佛罗伦萨。6月1日晚到达米兰，参观了米兰大教堂——晚上9点40分动身去巴黎。6月2日下午两点到达巴黎，途经阿尔卑斯山脉。在巴黎，我们再次参观了卢浮宫和其他博物馆。在卢浮宫，我被特许参观了未被展出的敦煌石窟文物。我还参加了巴黎亚洲学会的一次会议，由法国著名学者伯希和（Paul Pelliot）介绍后，我做了几分钟的发言。他介绍我是华西边疆研究学会的会长，曾经研究过川苗。

6月9日我们到达伦敦，10日又参观了大英博物馆。6月12日则为旅游观光，我们参观了白金汉宫并观看了换岗仪式，之后参观了英国国会大厦和威斯敏斯特教堂。6月17日，斯宾塞小姐的两位姐妹在她们家款待我们，她们与贵族沾亲带故，当晚我们观看了一场通俗戏剧。

6月22日我们坐火车到南安普敦，打出租车到了戴维森家里，在那见到了博尔·佩吉小姐。

6月23日我们乘汽轮离开南安普敦，第二天在爱尔兰科克停留片刻。我们住的房间条件很差，在甲板下面且没有窗户，后来我以共济会会员的身份换了一间条件好一点的房间。

7月1日，驶过自由女神像后，汽轮抵达纽约。这时，我在笔记本上记下了自己的想法：

> 晨起早，期故土。七时许，土南现。起身望，惊觉此乃吾之家国。父辈生死在此，成其生活，亦尽绵薄助其为今世界之自由民主人人平等之国家。自由女神犹在眼前，渡船多为欧洲落难之人。遗之所有，生命曾危。故抵新大陆，怀揣希望，愿从此置身自由公正之境。吾亦哽咽在喉，热泪盈眶。
>
> 我最近刚从一个新兴民族国家回来，此民族是世上最古老之民族。在此国家，人民也如美国人一般热爱自由与正义。多人为国捐躯，成千上万百姓流离失所。他们正在反抗人类历史上最为残酷和专横的政府之一，此政府正在残忍碾压他们的国家，剥夺该国民同样热爱的自由和民主。我为此古老民族成立的新兴国家之自由民主也算尽了绵薄之力。我内心深处涌现一个希望，希望美国人能保持对上帝的洞察，维持自由、民主和平等之光永远闪耀，而且希望他们能友待中国，如法国在美国最黑暗和最需要帮助的日子里，在美国急切期盼着这三道光芒诞生的日子里友待我们一般。

当行李通关后，我们打车去了切萨雷·桑图西家。

7月9日，我们在迪恩·赛琪家享用晚餐。7月10日，我们到达纽约罗切斯特。7月13日，我们去了多伦多，和雷欧内斯先生一起参观了皇家安大略博物馆。8月1日，我把我获得的运动徽章和奖牌分给了五个女儿。8月20日，我去了"深谷营地"的浸礼会教友夏令营讲课。8月31日，约翰、海丽特、玛格丽特和大卫一起去了堪萨斯州。

10月31日，我给《亚洲》杂志写了一篇文章，后来发表了；与此同时，我给《科学周刊》和《传教杂志》写了另一篇文章《人类历史上最大规模的迁徙》，后来也被发表。之后不久，我去了芝加哥，在芝加哥神学院给人类学学会做了几场演讲，在海德公园浸礼会教堂做了几次发言。我们住在海德公园浸礼会教堂牧师蒂贝特的家里。许多科学家和学者都属于这个教区，其所在的教堂资助了我和慕义在中国的传教工作。这是我们的一大荣幸。我见到了教过我的老师，他们在蒂贝特家里举行了沙龙，其内容为席明纳谈论中国基督教的情况。集作家、老师、学者于一身的马修斯也在场。

在周游欧洲的旅途中，我向许多了解中国文化的专家请教，并参观了一些收藏有中国重要文物的博物馆和私人收藏，拓展了我对中国文化的理解。在芝加哥，我拜访了麦克内尔夫妇。

在这次假期，我做了比上次假期还多的演讲，或者说是比以往都要多的演讲。夏天我重访了史密森尼学会，我补充了一些在华西搜集到的标本的详细信息。在华盛顿，我见到了两位同学——沃特·威尔斯和里格斯比。因为疲于演讲而到处奔波，圣诞节后我患上了神经衰弱，必须休息几日，减少工作量。

我时常去罗切斯特神学院探望朋友们，包括罗宾逊教授、贝克、莫而曼、维西特等人。我也时常去神学院的图书馆。慕义或者我也多次到费尔波特浸礼会教堂参与讨论并发言。

根据我的记录显示，此次回美国的长假中，我做了190场发言，听众人数达到16995人。

我们从西部出发去中国。慕义、珍和我分别在匹兹堡、堪萨斯探望了姐姐玛丽和埃尔米纳，再到海丽特工作的医院看了她。

最后一次中国之旅

1940年7月25日,我到达生活过的沃拉沃拉。在那儿,我发现我在惠特曼学院创下的链球纪录还未被打破。因为这项运动有一定的危险系数,后来学院取消了。我见到了老朋友,包括吉欧·马奎斯、彭罗斯校长、西利·贝克夫人(现已去世)、帕克·巴雷特、艾伦和哈瑞·雷诺兹等。我在浸礼会教堂发言后,去了扶轮会观看惠特曼学院的毕业生、参议员道格拉斯的演讲。其间,他介绍我给大家认识,我讲了几分钟话。在彭德尔顿,我见到了老友伯特·马克诺顿。之后我沿着美丽的哥伦比亚河到波特兰,再到布雷默顿。不久后,海丽特、珍和慕义也来了。我在布雷默顿教堂做了演讲,和亲友们在布雷默顿四处观光。期间还有几次家族聚会。众多亲友到西雅图送我们,我们抽空去了西雅图大学和该市的博物馆。我们于8月5日晚11点半出发。

沿着海岸线的旅途令人十分愉悦,森林、湖泊和美丽的沙塔斯山尽收眼底。在旧金山,我们参加了世界博览会,然后和奥彭肖博士一起逛了唐人街,晚上与亚瑟·摩根夫妇和其他老同学们共进晚餐。8月9日12点过,我们启程了。姐姐玛丽、摩根夫人、布里莫斯图夫人和奥彭肖博士一起来为我们送别。

8月14日，我们到达檀香山，见到了沃拉沃拉的老友克利福德·斯塔克及他的妻子。我们一起参观了大瀑布、菠萝厂、乡村俱乐部及其他一些重要景点。克利福德开车载我们在城市里穿行。

在穿越大洋的海上，我的空闲时间都用在誊抄川苗的歌谣和故事上。史密森尼学会初步同意在我写完后出版。但因为战争的缘故，到达中国后，我不得不将此事搁置，转而研究羌人和彝人。

8月23日，我们抵达横滨，乘的士在城市里转了转，了解了下这个城市。8月24日，我们抵达神户。在那里，五百多吨的金属，可能是铅，被搬下船。这些金属是卖给日本用以摧毁中国的战争物资。也有可能，这些金属里的很大部分将会用来射击美国士兵。在神户，我捡到一个装满钱的钱包，把它归还给了它的男主人。

谢弗夫妇是去华西的新传教士，与我们同船。8月27日我们抵达上海，赫尔伯特博士和汉森博士接待了我们。当晚我们一起去了上海浸会大学。后来我们搬去了大都会酒店。9月5日我们又搬去亨得利夫人家，一直待到动身去香港。搬家途中，小偷洗劫了货车，我们许多珍贵的东西丢了。我们去购物和订制衣服，之后参加了扶轮会的会议并为后面的旅程做打算。晚上与科学家斯帕尔比会餐，认识了一个收集新石器时代陶罐和手工艺品的中国人，接着会见了上海学院的比思先生，他致力于收集中国古董。最后，我们于9月22日启程去香港。

在上海时，我们必须决定如何去华西。许多人建议我们从中南半岛走，但依我对时局的判断，我预感日本可能不久后会攻下中南半岛。如果我们走这条路，可能会被日本人拦住并丢失行李。所以我决定送谢弗夫妇、慕羲和珍到香港去坐飞机，而我则跟随行李走滇缅公路去成都。这样珍可以早点到加拿大学校入学，跟上学业进度。假如我们走了中南半岛这一路线，那么在我们通过中南半岛之前，日本人就已经攻占了这个地区。

9月29日，珍和慕羲乘飞机启程去重庆，30日谢弗夫妇飞往华西，我则乘渡轮去缅甸的仰光。在香港，我认识了共济会、扶轮会以及其他教会的重要会员，以及中国的王先生。我一人带了很多东西，除了我们和谢弗夫妇的行李，我还帮华西的很多人带了行李，包括给华西协合大学带的大量药资，金陵女子大学的物品，以及给唐茂森博士带的口腔医学用品。轮船是威利号，上面有惠廷顿一家及其他几家外国人。我们在新加坡稍有停留，之后停在马来西亚的槟榔屿。槟榔屿的人崇拜蛇，岛上有座蛇庙，庙里也有很多活蛇盘踞，包括一条蟒蛇。

10月10日，我们抵达缅甸仰光。我在渡轮上遇到朱瑞先生及贾德森学院的校长，他们帮我把行李弄出海关。其他人的行李及货物都存放在一个大货仓里，稍后会被海关工作人员检查。我先被带到传教出版社，又被带到警察局登记，再到中国旅行社，最后才到我在仰光的居住地"教务客房"。

香港的风景以及从香港到仰光的路上乃至整个缅甸的风光都十分旖旎。缅甸是个有趣的地方，在这里我可以见到缅甸人、克伦人和英国人，以及传教士，还可以参观繁盛的教堂和教会学校。偶尔我也会去市集，不同部落的人穿着自己部落的服装来逛市场。

我本以为行李几天后可顺利通关，然后启程去成都，谁知事与愿违。在缅甸的仰光，过海关是一件极其复杂且费时的事情。缅甸有自己的一套规定，过关至少要花两个月时间。于是我便在仰光四处游玩，到访了许多漂亮的地方，如潟湖和覆盖着金子树叶的仰光大金寺，多个庙宇，白人的基督教堂，缅甸人的教堂以及克伦族的教堂。

在上海时，财务主管接到采购显微镜镜片的通知，因为成都的显微镜镜片被火烧坏了，他能找到的唯一镜片是德国制造的。由于处于二战时期，上海的出纳员写信给学校说，他会把镜片混在我的行李中。结果镜片在香港时被截下，直接交给了仰光的海关办公室。当我到达仰光时，他们把我的行李箱和货物查了一遍又一遍，就是没找到镜片。最终他们放弃查找。

当时缅甸酷热难耐，蚊虫很多。

我交了一个印度浸礼会的基督徒朋友，他是缅甸浸礼会差会秘书长的私人助理。我们时常一起喝茶吃饭。他带我去看了很多精彩的印度电影和参加印度哲学讲座，还借给了我一本有关印度艺术和建筑的书。

幸运的是，我在仰光期间正值贾德森翻译的《圣经》出版100周年，所有教派的人都来参加纪念伟大学者和基督徒贾德森及他的妻子安·贾德森的活动。贾德森的经历是基督教式的英雄主义的故事，他对缅甸的基督徒产生了深远的影响。《手，勿缩回》是卫理公会教徒写的介绍贾德森最好的一本书。在浸礼会教友的推动下，基督教在缅甸做了很多事情。他们建造了贾德森学院、10所浸礼会高中、1000多所教会小学、1500所自主教堂，有18万浸礼会教友。

在我们离开美国时，鲁思已经在罗切斯特神学院以学生的身份工作了，海丽特在堪萨斯州的护士培训学校就读，玛格丽特已婚，桃乐西也考进了罗切斯特大学。只有珍和我们一起，她去了四川仁寿的加拿大学校读书。

当我在仰光与世界上最差的海关条例纠缠，以及在纪念贾德森翻译的《圣经》出版100周年时，缅甸浸礼会大会也在仰光举行。我有机会参加这两项事宜的会议，许多部落民基督徒穿着绚丽的部落服饰，成为大会一道亮丽的风景。他们神采奕奕，真诚地唱着优美的圣歌。当时在印度也有一个浸礼会教徒大会，在主会场参会的人使用的语言超过16种。这些大会在某种意义上多彩有趣。在缅甸，许多基督徒以前是猎头者或原始部落的人，但是现在这些基督徒比非基督徒得到了更好的教育。

12月8日，我觉得所有的东西都应该通关了，就把行李和货物通过火车发送到缅甸的腊戍市。我发现一位海关工作人员在海关单上写了"已开箱鉴定"的字样。他们应该已经开箱鉴定了无数次。第二天，我顺利将东西发上路，上了飞机，去了缅甸的下一个城市曼德勒。我在曼德勒的传教士家里住了几天并参观了当地的景点，包括一个里外镶金的宝塔，以及一个据说被几厘米金叶子覆盖且镶嵌着昂贵钻石、珠宝的菩萨。在仰光时，我还访问了当地的共济会。

在仰光的文顿礼堂，我参加了一次斯高克伦人浸礼会教堂的礼拜仪式，赞美诗唱得很棒。我后来才知道这次教堂聚会的覆盖面很广，以至于最后的周日礼拜仪式分散在三个分会场举行。

我在仰光还参加了扶轮会的会议，在会上认识了一位叫甘加·辛格的先生，他是缅甸众议院成员。他很友好，送给我一本有他亲笔签名的书——《缅甸国会指南》。后来我把它送给了华西协合大学图书馆。

我在曼德勒女子教会高中做了一场关于中国战争中的孤儿的讲座，结果他们决定不要圣诞礼物而把买礼物的钱捐给叙府刘夫人的孤儿院。之后在腊戍，浸礼会教堂也为在中国受难的基督徒募捐做出了贡献。

在腊戍，我待在男子学校，与其基督徒校长尤坡尼先生熟识。他是一位与缅甸贵族有紧密关系的浸礼会的领导。他带领当地人修建浸礼会教堂，来自不同部落和语族的人在教堂里一起做礼拜。由他的教堂生发，延伸出15所教堂，有印度人的、斯高克伦人的、颇克伦人和掸人的，等等。我到丛林里去探访了部分教堂，参加了他们有趣的基督教庆典。我也常去市场闲逛，因为在那里我可以见到不同部落的人穿着他们漂亮的部落服饰出行。

缅甸海关应该是故意拖延通关的时间，这样人们就可以在仰光花大价钱住旅店，从而解决海关职员的工资。也正因如此，运往中国的货物要求在缅甸的货仓停放好几个月后才能运出去。一个负责运输战争物资的中国官员告诉我，当载有中国货物的货船到达仰光后，通常要停留六个月后才能通关运往中国，这对中国人很不利。当日本人占领缅甸后，他们在巨大的缅甸货仓发现了价值百万美元的战争物资。

与通关同样困难的，还有货物运往成都途中的安全问题。我们向所有知道的部门申请运输，但都没有成功。贝斯特博士建议我把所有物品集中到一起，通过短程的穿梭船，从一个地点转移到另一个地点。这样可行，但是时间非常慢，费用也非常贵。我最终得到了沙利文神父的帮助，他是一个年轻的天主教神父。他有四辆货车，用来给天主教教堂和成员运输药品及其他物资。他必须带够往返的汽油，最后四辆车都派上了用场。他有四名优秀的司机，包括他自己。他们已经在这条路上往返数次，对路况十分熟悉。途中，很多次车胎距离悬崖只有60厘米远，一不小心就会掉下悬崖，车毁人亡。路上也有很多车祸，都是面对面撞上的。从腊戌到成都的路上，都是撞坏的货车和小汽车。我们时常走夜路，有时还有大雾。有时汽车爬一座陡峭的山，会遇到二十四个急弯。我很庆幸安全结束旅程且不用第二次走这样的路程。

在我离开腊戌时，朋友尤坡尼送给我一条印度裙子，上面有类似竹席的纹路。

在我们到达云南保山后的那个早上，有消息说日本人要空袭此处。一时间，人群、货车和小车从城市蜂拥至乡下，人们抱着自己的孩子和贵重物品。之后日本人的飞机从我们头上飞过，炸毁了横跨湄公河的桥。几小时后我们到达湄公河时，发现了一个11米宽、4.6米深的弹坑。中国人迅速利用汽油桶建造箱形筏，几天后我们顺利通过湄公河，得以继续前行。

我们去了大理府（今大理市、洱源县、祥云县部分地区），我买了许多当地的石头，其中一块上面显示出迷人的山景。

昆明在我们抵达前一天被日军空袭，破损的房屋是这几次轰炸的结果。人们在自家废墟里翻找东西的景象，让人看了十分心痛。

到成都的这一路上，除了道路危险，有时还有盗匪，但景色却十分壮美。我们的大卡车上画着红十字。抵达重庆那天，城市外的海关官员正在走动，当他们看到红十字后，挥手示意我们不用检查就可以通过。

到达重庆的头一天，我们的卡车超过了两辆载满中国士兵的卡车，之后被卡车快速追赶。不久后，两辆车反超了我们，但却遭遇不测。其中一辆冲下悬崖翻滚了约9米，车上好几名乘客受伤；另一辆滚下悬崖约150米远。

重庆当时是民国政府的首都，也被多次轰炸。重庆一度被评为世界上被轰炸次数最多的城市。七天七夜，空袭几乎未停止过，有时两次空袭的间距不超过一小时。许多店铺和房屋都被炸毁了，人们大量死亡。其他人则夜以继日地建筑防空洞。

在仰光，我们花了两个月才通过缅甸海关。在中国的第一个边境小镇云南畹町时，我们只用了不到两小时就通过了海关。从畹町到成都的路上有数不清的海关，但每次我们都很快速地通过了。

在云南，中国人已经把法国修建的从中南半岛到昆明的铁路彻底拆掉，把铁轨和枕木用来拓展昆明北部和南部的铁路。从昆明到重庆的路上，我们看到了一个非常美丽的瀑布，也见到了无数的苗人和少数民族。

1941年2月11日，我们从重庆动身，当晚到达荣昌，住在一个小教堂里，那是我们能够找到的唯一住所。第二天一早我们便启程，在2月12日晚上7点到达成都。

然后是拆分行李和货物并把它们分给不同的人和机构，再算出相应的运费，这真不是一件轻松事。我花了一整天时间拆分行李，并抽时间参加了需要发言的共济会的会议。

把我们自己的东西和别人的东西分开来，花了好几天时间。接下来的周日我去了成都浸礼会教堂，人们热情地欢迎我的回归。

关于这次过缅甸公路的旅程花费，我写下来并发表在《传教杂志》上了。我们每个女儿应该都有一份副本。

郑德坤还在哈佛，所以我必须继续任职馆长，直到他来接任。2月20日我承担了接待任务，陪同四川省政府主席张群夫妇、美国大使和其他高官们参观博物馆。下午4点，金陵女子大学校长吴贻芳博士和其他人到我家喝茶做客。3月12日，我参加了华西边疆研究学会的一个讲座。

在上海时，我为图书馆购买了一些罕见的中国器物。它们被妥善安置，给博物馆带来了很大提升，也补充了我们展览的一些空白。

慕義在我缺席时继续经营我们的家，在她的打理下，家里秩序井然。我们一起度过了我们在中国的最后一段时期。这段时期从很多方面来讲，是所有时期里最重要的。

在成都的第二任期

慕義在打理家庭方面能力显著,又热情好客,这些都对我们在成都和中国的最后一个时期是有很大帮助的。在我家住过、喝过茶或被邀请享用过晚餐的人很多很多,这对华西协合大学校园生活和教堂生活都做出了很大的贡献。

我的职责包括在华西协合大学神学院教授比较宗教学,之后是《赞美诗》和《智慧文学》;我也担任华西协合大学博物馆馆长,直到郑德坤博士回来;我也是宣教咨询委员会、四川浸礼会条例执行委员会成员,后来成为成都浸礼会教堂的合作牧师,还是传教财产和成都浸礼会及大学财产委员会的成员。

联合慈善协会的外国人在成都办了一所孤儿院和养老院,物价的日渐抬升使得他们逼近关门的边缘。我被选进了管理委员会。中国儿童基金会同意提供资助并指定我为成都的执行人,基金会所有的钱款都要经过我的手。孤儿院因而恢复运营,直到被人民政府接管。还有奥彭肖博士创办的盲人学校,因为有中国盲人福利协会的资助,这所学校才免于关闭。我保护学校的财产不被政府士兵们没收,又物色到一个新校长,让学校正常运营。后来我们又开设了一所盲人师范学校,专门为盲人培养教师。

也是在1941年，我被选为《华西边疆研究学会杂志》的主编，任职到1947前后。A系列的主题是文化和历史研究，B系列则是博物学。第一年后，即1942年，我成为A、B两个系列的两位协同编辑之一，另一位是中国人。

我们在美国度假期间，空袭几乎损毁了整个教堂，主日学校也只有稀稀拉拉的几节课程。我开始给学生教授英语的《圣经》课程，后来我找了一位老师来接手。我注意到几乎没有男人来参加周日的学习，所以我开始讲授中文课程。当参加的人越来越多时，我又请了一个人来接替我讲课。我缓慢且低调地帮助教堂和主日学校恢复了运作。当有新成员加入时，我也会为他们做洗礼。我时常在教堂祈祷，也在神学院和大学做礼拜仪式——偶尔会这样做。

当时不断有空袭和警报。

我是扶轮会和共济会会员，规律性地参加他们的活动。我也参加大学和神学院的院系会议，还是华西边疆研究学会的成员。我们总是不断接待重要的西方的和中国的科学家、政治家和宗教工作者。其中不少人都在我家被款待过。

当时有一个由高中生和大学生组成的浸礼会社团。他们定期在我家碰面，我在某种意义上成了他们的牧师。社团逐步壮大，后来不得不分成高中社团和大学社团。两个社团人数逐步增长，最多的时候有70多人参加高中社团，40多人参加大学社团。

1941年6月17日，为国民政府工作的弗兰克·普莱斯博士下令，让我捕捉一只或两只大熊猫作为礼物送给美国。同年秋，在美国有一个为中国募集捐款的活动，我觉得这是一个巩固中美友好关系、促进将来合作的契机。中国在抗日战争全面爆发后又独自抗日四年，急需帮助。我派了前牧师去捕捉大熊猫，他之前帮丁克生和迪安·赛奇捕获过大熊猫"潘多拉"，也帮我给史密森尼学会搜集过大型哺乳动物的皮毛。有人尝试花费数月时间去捕获活的大熊猫，但都失败了。夏天不是捕获熊猫的季节，秋冬季节才是，但我将在1941年10月1日之前带一只活大熊猫去美国的消息已经在中美报纸上发布了。我只好派邓卫汉去熊猫出没的地区，让他高价悬赏捕获活熊猫。在夏季，有一只大熊猫被捕获，但又逃走了。

中华基督教会边疆服务部和教育部组织了一次到成都西部的少数民族中做社会服务和研究的考察之旅。我被邀请参加此次考察，并被选为副组长。这是一项殊荣。我最初受命研究羌区的苗人，后来发现那里没有苗人，便转而研究羌民，之后我持续研究了好几年。

7月16日，珍在医院做了个手术。7月19日，我接她出院回家。

这次的夏季考察，一个中国学生陪我去了茂州（今茂县），之后回到威州（今汶川），然后再西行探访了几处羌民的碉楼，学习了羌民的语言、宗教和习俗，记下了丰富的笔记。

陶然士是当时唯一研究羌民的西方人，他写了几篇关于羌民的文章及一本书。他认为羌民是失踪的以色列部落的希伯来人，信仰一神教。这两个结论都是轻率的，与事实相去甚远。我发现羌民是藏缅语族黄种人的部落分支，他们崇尚很多自己的神，也包括很多汉族人的神。当我把这些观点写成《羌民的习俗》一文发表在《华西边疆研究学会杂志》上时，每个人都被震惊了。陶然士的几个好友还十分生气。之后我的调研和别人的调查都证实了我的结论是正确的。

9月很快就到了，仍然没有捕到大熊猫。我带着邓卫汉去大熊猫出没的地方，期待有所收获。待在大熊猫出没的中心草坡时，我得了重病，举步维艰。邓卫汉独自去深山里带回来一只大熊猫幼崽。我们带上它回家。一天晚上，我感到非常不舒服，便把脚夫老李叫到身旁，告诉他如果我死了，就把大熊猫幼崽和我的尸体带回成都，他会得到重谢。幸运的是，第二天清晨，我感觉自己好了点。关于这次考察，关于用溜索过河等，在《纽约动物学会杂志》上有所陈述。

哈罗斯夫人之前教过我如何照料大熊猫幼崽，其困难程度是照顾人类幼儿的十倍。在成都，每天都有几百人来看这只大熊猫。一天，四个省的省长

葛维汉带着熊猫抵达重庆后在机场接受记者采访（摄于1941年11月）

组团来看这只大熊猫。不久后另一只大熊猫也被捕获，它们俩被放在一起饲养。来自美国的蒂文负责把它们带回美国。我在成都的广播节目上讲述了这只大熊猫的故事，之后又在重庆为蒋介石夫人和蒂文讲了一次。

1941年12月24日，慕义突发肺炎。当晚医生待了好久，第二天，杰克森小姐到家里来帮助我护理慕义。我通宵照顾慕义，直到杰克森小姐到来。米奇小姐偶尔也来帮忙。当没有别人照料她的时候，都是我在看护她。

1941年的珍珠港事件使得美国也卷入了世界大战。之后，日本又袭击了缅甸，轻易地打败了驻守在那里的英国军队。一些缅甸的浸礼会传教士逃到成都，包括大卫·格雷姆和瓦恩特小姐。与此同时，英国皇家空军的人也到了成都。从那时起，慕义就把我们家作为英国皇家空军和之后美国官员、士兵的避难所，并为这些远离家乡且思乡情切的人提供服务。我们可以根据客人簿上登记的客人名单，统计出人数，也可以从中看出他们对慕义热情好客的反馈。我们家有所有空闲房间都住满的时候，有时甚至在装了纱窗的门廊里安满了小床，计有九张，纱窗外还有四五张床。当所有人在楼下坐好准备吃饭或者已经开始吃饭时，总是有人出现或加入进来。慕義从未将任何一名饿着肚子的人赶走。不知她对厨师说了什么，厨师总是微笑以对；也不知为何，我们也总有足够的吃食。

抗日战争全面爆发的初期，美元与民国法币的汇率大约是1∶3.5或者1∶4。因为通货膨胀，汇率不断攀升，到晚春我们离开中国时，1美元可以兑换200万法币。我花100万法币买了一顶草帽，太便宜了，只值50美分。

然而，官方的汇率远比这个低，所以我们的工资不久后便变得不够花了。仅靠工资，我们无法生存，传教士们甚至变卖了他们的家产来度日。我卖掉了我所有的枪支、帐篷和闲置的东西。在我家做客的传教士、科学家、英国皇家空军和美国士兵也变卖了一些东西。我们所有人一起吃饭，以此减少开销，所以还算能过活。我们还给需要的人提供住所，慕義用她的"魔法"让一切顺利运行。同时，我们还要招待大学来的重要客人，包括社交宴会、宴请扶轮会和共济会的会员等。在最后两年时间里，慕義是大学校园里唯一一位井井有条地、随和且高效地处理此类事情的家庭主妇。琳赛说："慕義，你是怎么做到的？"有些家庭主妇因为她们的丈夫说"慕義做到了，为什么你不可以？"而感到生气。

慕義提供的第二种服务如下。美国士兵们都期望给自己的母亲、妻子和小甜心们寄些中国精致的刺绣、珠宝，等等。小商贩们常常利用士兵们不懂行情而抬高价格。一个小伙子用高价购买了一件兔毛大衣。慕義找到了一个最好且最值得信赖的中国商贩为她供货，所有商品都明码标价。慕義帮这些士兵用合适的价格买到好东西，不收任何佣金。价值几百万美元的货物都是通过这种方式卖出的。

慕義还提供第三种服务。美国士兵们远离自己的家乡，又没有很好的机会认识优秀的中国或者东方女性，也无法有社交生活。他们刚来的时候尤其如此。慕義安排了很多聚会，邀请了优秀的女士，男士们也因此有了美好的社交生活。其中一些聚会让慕義忙到深夜12点或者1点。这种办法固然好，但给慕义的身体带来很大的伤害，这也是造成她1945年差点因体力衰竭而死的原因之一。

我患过的最严重的病是急性肠道传染病，记不清是在1942年还是1943年秋天。虽然此病不用承受特别大的痛苦，但我必须卧床休息，然后重新学习走路。学生都到我家二楼的卧室来上课，我们保持课程进度正常。

1942年夏季，我再次去羌区旅行考察，研究羌族的宗教和社会习俗。我做了大量的笔记，拍了照片和电影，但是胶片在显像之前被某人毁掉了。我是很困难才得到去往羌区的通行证，因为战争的原因，中国政府对每一个去少数民族地区的人都持怀疑态度。我首次申请被拒了。华西边疆服务部主任张博伟博士期望我能继续做羌民宗教的研究，他去找了四川省政府主席张群，并帮我获得了去羌区的批准。羌区有石棺葬，人们都认为这些墓是羌民的墓葬。碰巧，在某个羌寨打开了几座石棺葬后，我到达该村，于是我便购买了他们找到的大部分物件，其中包含精美的铜饰、铜器和一支漂亮的剑柄。我趁此机会对石棺葬做了彻底的研究，研究结果写成了文章《羌区的一次考古发现》（An Archaeological Find in the Ch'iang Region）。我发现了更多有用的新信息，其结果都写入了《羌民的习俗》一文。在文中，我反驳陶然士关于羌民是一神教和希伯来人的论点。后来我又到羌区做了几次短期旅行，并把羌民带到成都，协助我对羌民的研究。

也是在这一年，羌区遭受了大旱，庄稼颗粒无收。我督促华西边疆服务部和政府救济，起到了一点效果。

在这次考察中，我参与并观察了羌民的仪式，包括驱邪仪式。羌民认为是鬼邪引起了人们的肚子不适及其他疾病。后来我又写了两篇文章发表在《华西边疆研究学会杂志》上，一篇是《典籍》（Sacred Books）或叫作《羌民的宗教唱经》（The Religious Chants of the Ch'iang），另一篇是《羌民的巫术与驱邪仪式》（Incantations and Exorcism of Demons Among the Ch'iang）。我还有未出版的关于羌民的笔记，希望以后会有机会整理出来并出版。

1943年的1月或2月，珍乘飞机去了印度，并在那里完成了她的高中学业。之后她去了美国上大学。再之后，桃乐西、鲁思、海丽特和珍都分别订婚并结婚了。

1941年郑德坤从哈佛获得博士学位返回成都，接任了华西协合大学博物馆馆长一职。我把一切事务都移交给了他，然后问他："现在你需要我做什么呢？"他说："我想让你成为我的首席顾问。"我们成了最好的朋友。他给他的大儿子取了我的名字"David"，二儿子取名"Graham"。我独自编完《华西边疆研究学会杂志》第13卷的A、B两个系列，从第14卷到第16卷的A系列，由我和郑德坤编辑；第15卷到第16卷的B系列，由我和优秀的蛙类科学家刘博士[①]联合编辑。我担任联合编辑时，另一名编辑总是一名中国科学家，所以我需要做大部分工作。这个工作很磨人且耗时，又妨碍我其他的研究和写作。

我与郑德坤博士深厚的友谊以及我们两家的情谊，是我一生中的乐事之一。我们彼此敬重，相互欣赏。后来，他提议将华西边疆研究学会以及博物馆的图书馆合并为一个研究型图书馆，取名为"葛维汉图书馆"。这是一个极其友好的建议，于我而言，也是极大的殊荣。

我研究汉族的宗教和寺庙很多年了，也写下了大量的笔记，写成了著作《中国四川省的宗教》。这本书是关于中国的宗教及其他方面的内容。我注意到寺庙被快速地关闭或者改成学校、商店、旅馆，等等。寺庙里的菩萨也被损毁。因为没有任何西方人系统地研究过这些，所以我雇了神学院的学生来帮我做研究。我们花了三年时间研究成都的寺庙，包括以前有多少座寺庙，哪些寺庙保留下来了，哪些寺庙发生了什么事情，原因是什么……我同意学生曹新仁用这些材料给神学院写了一篇论文。在其他城市，我也做了类似的研究，但我还没用英文将这些写出来，它们是值得书写的。这些内容展示了在历史长河中，这段时期是中国人心理和宗教信仰变化最剧烈的一次。

[①] 刘博士为华西协合大学生物系教授刘承钊，毕生从事两栖爬行动物学的研究。

葛维汉夫妇和他们收养的中国女儿（摄于1947年）

在学校浸礼会女生部工作的德乐尔小姐回国休假了。我发现自她走后便没有浸礼会的女生来教堂了，这种情况应该改变。因此我让神学院的浸礼会教友夏淑芳担任了我的秘书，并通过她接触大学里的女生。德乐尔小姐回来之前，女生们和大学的浸礼会教友们开始有规律地来教堂。碧翠丝·董、马格丽特·杨、茱莉亚·周和桃乐西·傅四个中国女孩，恳请我为她们开设英文《圣经》课程。她们中的三个是教堂成员，第四个——马格丽特·杨在复活节后也接受了我的洗礼。茱莉亚·周逐渐成为一名优秀的干部，后来去了叙府的女子中学教书，平日也帮忙叙府教堂做一些事。碧翠丝·董现在是美国费城的医学博士。马格丽特·杨曾经在绍兴浸礼会医院工作过一段日子。桃乐西·傅在重庆政府开办的医院工作过。她们现在都已结婚。1947年，在嘉定时，茱莉亚·周突发急性阑尾炎。在医院，我是她的担保人，为她垫付了手术费等（她后来还给我了），她被救了过来。一年后，女孩们问我，她们是否可以叫我"父亲"。我问她们为什么想这样称呼我，她们说我很慈祥，特别像她们的父亲。我对她们说，如果她们觉得这样好，便可以叫我父亲。在中国，养父是受尊重的角色。在离开中国前，我们收养了10个女儿。这使得我和慕义有可能为她们提供最大限度的帮助。这是我们在中国特别的荣幸和快乐之一。

大约在1946年，唐茂森医生通过研究发现，成都及周边地区的孤儿院里每年都有数百儿童因为营养不良而面临失明，因为他们的食物中缺乏某些维生素。唐茂森他们研制出了一种添加了鱼肝油的饼干，每天一片饼干就能防止夜盲症，并让孩子们的身体更加健康。我请那些医生们组成了一个眼科专项研究委员会，申请了专项基金，每年有成百人因此而免于失明。这个委员会大多数时候由我任会长。

我刚才提到的这个眼科专项研究委员会无疑是中国境内最好的相关专业委员会之一。陈耀真（Eugene Chen）医生和韩培林（Cunningham G. R.）医生是眼科专家。唐茂森医生和其他中国医生则是膳食方面的专家。启尔德医生及其夫人启希贤医生、高子豪（又名高文明，Crawford Wallace）博士则是公共卫生学专家，当然还有其他医师。奇怪的是，这些人在别的委员会不能好好相处，但他们说在我负责的委员会却配合得十分好，我们一起推动了一个成功的项目。在委员会里，我是唯一对眼科医学毫无所知的人。

在华西协合大学，基督教的每个教派都有自己的青少年团契。除此之外，还有一个交叉教派的青少年团契，这个团契又分为十二个或者更多的小团契。其中一个男生青年团契定期在我家举办聚会，被称为"葛维汉团契"。事实上，这些年里，我与中学、大学以及神学院的学生都有很亲密友好的往来，这也意味着我有更多机会提供服务。

高昂的生活开销和低廉的收入使得医生们只能勉强糊口。浸礼会的医生要亲手煮饭洗碗，协助购物和厨房事宜。这意味着他们中的有些人有时候会忽视自己医学上的职责。慕义感到心脏可能出了一些问题，她告诉了医生，但是医生认为她只是患了严重的贫血以及精神紧张。一次，她急迫地请医生做更全方位的检查时，医生责骂了她，并说如果她不喜欢自己看病的方式，可以换一个医生。这位浸礼会的医生愤愤离去后，我们请了一位来自华东的医生，但这位医生也没有重视慕义的病情。慕义最后只得找中国第一联合卫理公会教堂培养的中国心脏科专家史蒂芬·张，请他接手治疗。史蒂芬·张是中国最好的心脏科专家之一。他第一次检查就发现慕义有严重的心脏问题。他让慕义拍了X光片，光片显示慕义的心脏已明显增大。他告诉我，慕义面临严重的生命危险。之后慕义卧床休息了九个月。她的心脏基本上恢复到正常大小，但永远不能完全恢复到正常状态了。事实上，从那以后她就持续在做治疗。

这之后的冬天，慕义又得了肺炎。肺炎差点要了她的命，但张医生及早发现病情，并将其扼杀在了摇篮里。

1945年12月21日，我对慕义说："当你嫁给我时，你把此生都压在了这次选择上，犹如抛出去一颗承载着人生重量的骰子，落定即注定。"她回答说："那颗骰子承载了美好的东西。"

就在12月，我被选为共济会的会长，所以1946年我担任了会长一职。这是一项殊荣，但由于很多共济会会员去了华东，此时担任会长是一项艰巨的工作。共济会处于低谷，我必须使它重回高点。在1946年末，我重振了共济会。

1946年3月16日，我们听说珍结婚了。

4月4日，我坐了一乘滑竿，从犍为县到夹江县去旅行。在路上，我注意到在不远处的泥滩里有一个很好的石器。那个石器十分锋利，我用它剥了橙子皮。回来的路上，我在同一地点发现了一把新石器时代以前的精美的石斧和其他石器。我把它们交给了华西协合大学博物馆。

1946年我担任共济会会长时,没有缺席过任何一场会议。第二年我又被选为共济会总会的监督员。1946年4月,迁来华西的四所大学的老师和学生陆续迁回了他们的故乡和学校。

1946年夏,几个美国士兵想去打猎。我和慕義陪他们去灌县附近打猎。在去灌县的路上,我们的卡车滑进了水沟,直到后面一辆美国军用卡车把它拖出来。我们在附近的一户农民家里过的夜。

朋友们返回南京后,金陵大学①陈校长的妹妹陈玛丽女士给我们来信。信里说很长时间以来她都称呼慕義为姐妹,称呼我为兄弟,因为这就是她真实的感觉。她也感谢了我们对她的善意。

8月,我收到了著名植物学家胡秀英的来信,她获得了哈佛大学拉德克利夫学院的博士学位。我将部分内容抄写如下:"请允许我就此表达对您的真挚谢意,感谢您在华西八年避难生活中给予我的爱护。你们使得华西成为一处充满回忆的土地,一个对我来说是家的地方。您对我寄予成为顶级中国科学家的厚望,时时鞭策着我前进。除了黎富思②(Cora Daisy Reeves)博士,再也找不出比您给予我的灵感和鼓励更多的人了。请允许我在此表示发自肺腑的谢意。"

索菲亚·曾(我给她取的英文名字为Sophia)已经从叙府女子中学以最优异的成绩毕业。她参加了华西协合大学的入学考试,申请了医学课程,但没考上。她求助于我。我有能力帮她进入学校学习成为护士长的医生课程。后来她也成了我们的养女之一。

我是中国儿童基金股份有限公司的财务总管。我计划并实现了在弟维小学修建一幢三层大楼,用以接收孤儿。这座大楼成为中国孤儿院的第一楷

---

① 金陵大学1938年3月迁来四川华西坝,1946年4月迁回南京。当时金陵大学的校长为陈裕光。
② 黎富思为任教于金陵女子文理学院的美国生物学教授。胡秀英在金陵女大读生物系时,黎富思为生物系主任。1938年1月金陵女子文理学院迁至四川华西坝。

模，或者说两个楷模之一。我挽救了雅州孤儿院倒闭的命运。通过申请，该基金会出资，我们得以建造一栋高楼并办置家具，进一步扩大了孤儿院（我们修葺并扩建了那栋楼）。

当美国总统特使温德尔·威尔基进行他那有名的世界访问时，他到了成都并在华西协合大学做了演讲。他和几位大学校长一起在我家用的早餐。

1946年夏，我收到消息说，有美国飞行员被彝人抓了。一位美国军官说他将与我一起去救他们，但他没有回来，所以我给大使司徒雷登写了封信，告知他此事并建议他这件事在调查完成之前不应对外宣扬。然而，几天后，那些坚信自己挚爱的人被彝人抓了的母亲和妻子的电报纷纷发来。最终，军事调查声明从未有过这回事。

1947年6月8日，我去医院做双侧疝气手术，执刀的是阿诺德医生和威尔福德医生。其中一侧需稍后再做手术，另一侧感染，几周后才康复。

华西浸礼会宣教所和四川中国浸礼会大会7月初在夹江举办。茱莉亚·周以代表的身份出席了大会。她的表现不错，但是下台后表现出严重胃疼的症状，送往医院才发现她得了急性阑尾炎，必须立即手术。我必须承担如果她死了医院不被起诉且她的费用必须付清的责任。我付清了费用，但她很快就把钱还给我了。她的阑尾已经溃烂，如果不及时手术任其穿孔，她或许已经死了。

回到成都后，我、慕义及卓伟医生一家去了灌县，我们在灌县附近山里的一座庙里度过了几天光阴。

7月爆发了大米骚动，米价攀升到令人难以置信的地步。

这次服务期间，除了在成都的主要工作，我还是嘉定站的外国牧师和传教财务主管。每年我都会去嘉定很多次。1947年的夏季会议决定，布罗德贝克小姐将到嘉定接替我的工作。1948年1月是我最后一次去嘉定，在我再次参观了宣教站后，我把账目和工作交给了她。在回去的路上，大巴车的四个车轮爆了，发出了大炮一样的声音。一个轮胎瘪了后，很多人都停下来帮忙维修。

1948年初，医生告诉我必须把慕义转回美国治疗，若不如此，他们不能保证她还能继续活着。比起正常的七年，我们已经在华西待了八年，所以我们开始收拾行李并做打算。当时美国军用飞机运送物资到成都，回美国时都是空机，所以除了最后的几个大箱子，我们可以把行李都空运回去或者免费空运到上海。这为我们提供了极大的便利。

在最后一年里，郑德坤去英国做了一段时间的讲学。他不在的日子里，我暂代馆长。

我在华西边疆研究学会做的最后一场讲座是在1948年3月20日，主题是关于彝人的习俗和宗教。反响很不错。

3月28日，星期天，复活节，我在成都浸礼会教堂为52个教友举行了洗礼。他们中的一些人比较胖，第二天，也是我人生中仅有的一次因为替别人举行洗礼而浑身酸痛。

4月2日，我们收到通知，学校授予我荣誉博物馆馆长的称号，同时表达了对我过去在学校服务的感谢。

在这之后，我们一直忙于收拾行李，几乎每天都被邀请到朋友家去吃晚餐，有时一天要赴宴两到三次。我们总共参加了17场道别会，有的非常盛大，尤其是弟维孤儿院和盲人学校的送别会。华西边疆研究学会、扶轮会分会、华西协合大学、葛维汉团契、浸礼会中学团契、浸礼会大学团契、华西协合神学院、华西协合神学院学生会、共济会、成都浸礼会教堂、老协合慈善孤儿院、华西协合大学博物馆，等等，这些机构都争相给我们开送别会，很多还送给了我们道别的礼物。我记得好像是费尔朴说的，以前从未有过西方人受到如此多道别会的邀请。这话真假难辨。在离开前最后几天，上百位朋友来与我们道别。

1948年5月4日，我们乘船离开成都。那天酷热难耐，我们乘船的地方距城市有15公里。上百人步行到船边来送别我们，包括7名女大学生、40名弟维孤儿院的孤儿，一些从老协合慈善孤儿院来的人，无数聋盲学生，以及盲人学校的罗校长、傅金白夫人、德莱顿和费尔朴夫人、贝吉小姐与她的朋友,还有其他人。

当船开动时,岸边人们手中的手帕摇动着,直至我们消失在视线中。岸上有很多双湿润的眼睛,船上的我们也泪流不止。我问慕義:"你后悔来中国吗?"她说:"从不后悔。"离开中国离开成都的伤痛如万箭穿心。

在嘉定我们见到很多朋友,他们也为我们举办了一场道别会。在叙府,我们同样见了很多朋友,参加了盛大的道别会。我们又一次见到了茱莉亚·周和她的父母。她母亲感谢我救了她的女儿。我也见到了老朋友刘剑子,他是以前青年协会的会长。我们依旧友情深厚。我也见到了官员森先生,之前我送了他白公鸡。这么多年来,他一直是位非常温暖和忠诚的朋友。他送给我一面锦旗,上面写了很多赞美之词。还见到了闫博士夫妇和叶特彬(Yeh Yeh Bin)。

我们在重庆短暂停留。我们的养女之一桃乐西·傅来看望了我们。她是一位好姑娘。

我们穿过秀美的峡谷,在宜昌过夜。到下游的另一个城市时,有人朝我

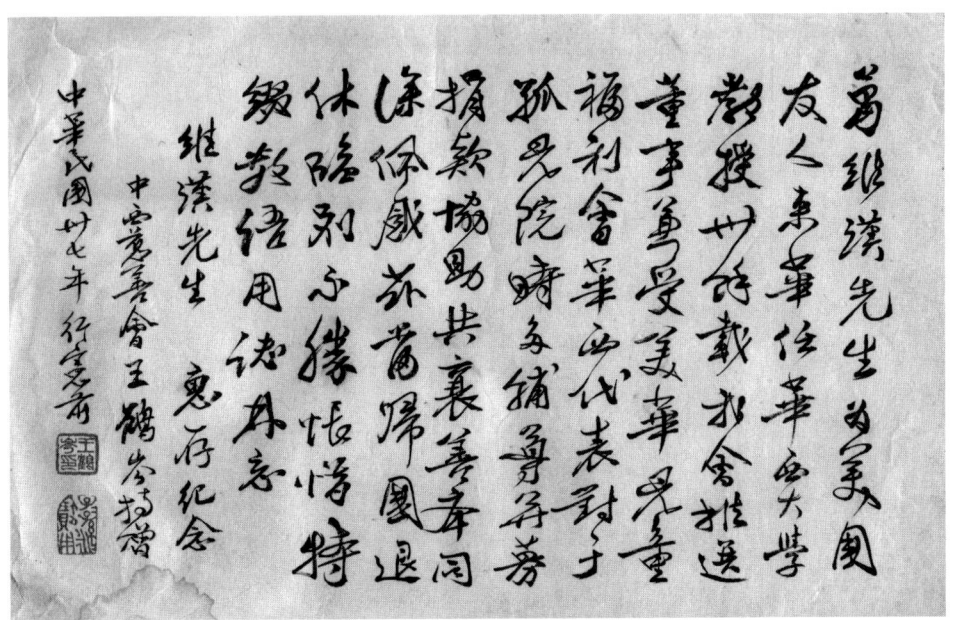

1948年中西慈善会颁给葛维汉的嘉奖

们的船开枪了。我们的船悄悄地在凌晨一点启程离开。

我去绍兴探望了我们的另一个养女玛格丽特·杨，同时拜访了医院和教堂。在教堂的周日早晨，我做了布道，与玛格丽特·杨交谈甚欢。

在上海港口，船启程的头一天，我准备把我们的东西送过海关并搬到一艘开往纽约的货船上。海关人员正在罢工。我问道："我该怎么办呢？我们的船明天就要起航，今天是我唯一可以将货物运送出关的机会。"他们说："你是个好老头，如果纠察员在这里，肯定会打我们，但我们会帮你。"他们把我所有的东西都免税放行，还邀请我与他们一起分享美味的鸡肉晚餐。通常情况下，海关可能会拿走我所有的中国艺术品，这次真是走运。

当船驶过漂亮的旧金山金门后，我们的心变得激动起来，不久后我们就见到了玛格丽特、大卫和艾伦。当我们见到几位女儿和健康可爱的外孙们时，情绪更加激动。我们的女儿们始终善良友爱，这让我们更加幸福。

我们人生中最重要的时间都在中国度过，在那里试图帮助那些我们喜爱和敬仰的中国人，对此我们感到十分乐意。

在这个急匆匆写完的故事中，许多细节都没被涵盖进来。慕義应该书写她的故事，把大量关于孩子们的故事写进来。

附录一

未来又如何呢?

我坚信科学和宗教不应该是对立的。它们可以是为人类前进而合作并相互帮助的朋友。我相信因为人们对上帝的信仰是一个稳定和前进的因素,没有这个信仰,一个人将不能呈现出最佳状态。

整个世界都呈现出大范围的道德堕落,每个人都应该坚持自己高尚和纯洁的道德标准,即使这很艰难且需要付出代价。

同时在实际经验里,打着民主和基督教的名号,很多地方都没给予少数民族作为人应该享有的基本的人权。从基督教来讲,所有人都是兄弟姐妹。

时代需要我们尽自己最大的努力,做一个真实的、积极的基督徒,去做我们力所能及的事,以此创造一个更好的世界。

送给我的女儿女婿们及孙子们最诚挚的爱。愿上帝保佑你们。

葛维汉

再者:莫德·霍恩,得克萨斯州,休斯敦,315号西22街,于1937年出版了一本大部头《家庭史》,书里记录了有关联的一些家族几代人的事。葛维汉家也列位其中,从我的祖父母到我孩子这辈都有记载,时间截至1937年。我们的赠书里,我有一本,另外两本被国会图书馆收藏。1946年传记研究学会在纽约百老汇296号出版的《世界人物传记百科》第三版第814页记录了我的故事,有51行文字。

爵士洋行出版的《谁知道什么呢？》的下一期内容，有一段介绍我的文字。这个出版社出版的月刊《谁的谁》也将在下一期刊登有关我的介绍，但不确定下一卷是否会同样囊括进去。

除了史密森尼学会即将出版的《川苗的歌谣和故事》，我还想继续写两到三本书。我希望有机会还可以在传教活动中讲话，并在教堂布道。

葛维汉

《世界人物传记百科》中关于葛维汉的记录

  大卫·克罗克特·格雷厄姆（葛维汉），传教士教育家，1884年3月21日生于阿肯色州格林弗里斯特；威廉·爱德华·格雷厄姆和伊丽莎白（阿齐利）·格雷厄姆之子；1908年在华盛顿州沃拉沃拉惠特曼学院取得哲学学士学位；1911年在罗切斯特神学院取得神学学士学位；1919年在芝加哥大学取得硕士学位，1927年在该校取得博士学位；1930年在哈佛大学学习。1910年6月7日与阿丽西亚·慕义结婚，育有五个孩子：玛格丽特·茉莉亚、鲁思·马里耶、海丽特·简、桃乐西·伊丽莎白，以及珍·阿齐利。

  传教经历：加入美国浸礼会差会，从1911年开始服务于中国。1912—1930年，四川叙府牧师①。1932—1941年，任华西协合大学博物馆馆长，并在该大学教授人类学与研究方法。1919—1939年，史密森尼学会标本搜集者和合作者（从他搜集的标本中，250个新物种被首次描述，其中29种以他的名字命名）。珍珠港事件前，他负责捕获两只活的大熊猫送给美国人民。1936—1937年，他担任华西边疆研究学会会长；1940—1948年担任《华西边疆研究学会杂志》编辑，1941—1944年担任成都盲人学校和成都盲人师范学校财务总管与管理委员，1942—1944年担任董事会成员。

  会员经历：加入英国皇家地理学会、美国东方学会、美国人类

---

① 葛维汉夫妇1913年4月才到叙府。

学学会、中国科学学会、英国皇家亚洲协会华北分会、华西边疆研究学会、中美文化关系学会。接受过中国红十字会颁发的红十字奖章；因为在红十字会工作中表现出色而被云南都督府授予一等"勇敢"奖章。1931年获得惠特曼学院荣誉科学博士学位。华西协合大学研究会为纪念他，设立了以他命名的"葛维汉图书馆"。

他还是美国和中国出版的杂志中多篇文章的作者……

（《世界人物传记百科》，1946年，第三版）

补 充

慕羲一直是一位贤妻，她随和且富有耐心。作为一名受过教育的女性，她既懂得欣赏艺术、诗歌和音乐之美，又十分务实，把家管理得井井有条，且有一手好厨艺。因为她的文化学识，当我们在家里接待或宴请杰出的学者、科学家、艺术家、作家或者政治领袖时，她都能操持得当，从未令我尴尬。当我在执行困难的任务时，比如写书、读博士学位或者在博学的观众面前做演讲，她都会说："你行的！"在这些任务中失败并不稀奇，但她对我的鼓励总是很奏效。如果我做了任何有价值的事情，其中她有很大的功劳。追求美德的至高境界和宗教理想已成为她本能的一部分。她也会因自然、花朵、河流、湖泊、森林、山川以及大海之美而激动。即使在病中，她仍然把家打理得整洁，令人瞩目。她很善良，如果有人比她更需要一双鞋，她会将自己的鞋子脱下来送给她。她深爱她的孩子和外孙们，我很庆幸也能享有她的一份爱。她以非凡的毅力忍受困难、病痛和失望。还有许多可说的话，留给女儿们补充吧。

爱你们的父亲

我刚重读了一遍最后的补充，就是几年前我打印并寄给你们的那一份。结尾补充部分是用来献给你们母亲的。最好再读一次。

在我今天即将寄出的给你们大伯乔伊和伯母凯特的信里，我增加了部分关于你们母亲的补充：

  自从慕義离开我们以后，我便很少给女儿们写信。我知道世上存在永恒的慈爱的上帝，他将慕義带走，让她不再承受痛苦和折磨。她现在所在的地方安全且充满幸福，我们也终将再次相见。另一方面，当与你一起生活了45年的爱人、伙伴，同时也是最好的朋友，在共同经历成败、悲喜、困苦以及成功和快乐后，在一起竭尽所能服务于你的同胞、教堂、上帝以及基督和他的天国后离开了你，这种伤痛难以言喻。我必须让自己时刻忙碌着，这样才能把我的注意力转移到别处。

  …………

  陪伴慕義长大的费尔波特浸礼会教堂为她举办了一场纪念会，一段关于她的故事被打印出来贴在布告栏里。《费尔波特先驱报》也刊登了她去世的消息；美国浸礼会报纸《传教》和《守望观察者》报道了她的死讯；美国浸礼会出版物《科罗拉多浸礼会教友》和《华盛顿浸礼会教友》刊登了相似的内容；丹佛第一浸礼会教堂的《教堂的钟声》刊登了三段关于她的内容；芝加哥海德公园浸礼会教堂发布的公告里有一段；海丽特所在的汉普登·希尔斯浸礼会教堂也有一段；还有惠特曼学院和罗切斯特大学校友录、《丹佛邮报》、科罗拉多州恩格尔伍德及丹佛新闻都有关于她的报道。

  她是一位重要人物。她安静谦逊，是最厉害的厨师，她的菜是我平生吃过最好吃的。她也是一位优秀的母亲和家庭主妇，受过教育，有涵养，并且善良、友好。她是一名虔诚的基督徒。从女孩时期起,她就以成为神圣的传教士为目标。她也有其他的追求者,但我认为她选择我的原因是,她在成为我妻子的同时能够成为一名传教士和基督教工作者。

很多年来,她都体弱多病,但在病痛的折磨下依然勇敢地活着。在成都,医生都以为她要去世了。她问:"有人为我祈祷吗?"许多在成都的人都为她祈祷。

附录二

写给惠特曼的同学们的信（一）

亲爱的同学们：

是你们"所有人"的善意让我即将收到班级信。幸运的是，它这次的"旅行"不会沿扬子江长途跋涉。顺便一说，"江"在汉语中也有河流的意思，所以一般说扬子江，或者扬子河也行。

我们9月14日离开波士顿。在纽约的费尔波特，支持我们的教堂为我们开了一个送别会。没有装腔作势，他们给我们准备了几个优质的热水瓶和一个测压器。我们一行人在芝加哥、奥马哈、科泉市和加利福尼亚的几个城市召开了会议。教堂的教友总是开着他们的小车带我们在城市转悠40到80公里的行程。我们参观了众神花园、加利福尼亚的红杉，以及洛杉矶附近的鸵鸟养殖场。

10月4日，我们从旧金山乘船出发，下一个目的地是檀香山。在那里，我们遇到了丽奥拉·沃辛顿和斯坦博小姐。檀香山是世界名胜之一。在日本，我们在横滨、神户和长崎短暂停靠，然后顺路去了东京。日本是充满野心和活力的民族，具有令人惊讶的身体耐力、整洁度及艺术品位。

在10月27日抵达上海以前，我们早就听说中国爆发了革命，但我们以为革命只是在局部地区或者在西部。出乎我们意料的是，在我们到达上海两周后的某个清晨，听说上海在头一晚上加入了革命行列。几乎所有的商店门口都挂着白旗。不过上海的秩序还是和以前一样好。除了一队人抓住一个男人并剪掉了他的辫子，没有发生进一步的骚动。那个人没有勇气和魄力自己剪掉辫子。

我们几乎立即开始语言学习。与在家里学习德语甚至是希腊语或者拉丁语相比，学习中文是件非常不同的事情。许多人，至少世界上这个地区的人，都认为中文是最难学习的语言之一。每个英文单词都有一个对应的汉字。口语里共有五个声调，不同声调代表不同意思。然而，我觉得这些十分有趣。一个汉字就像一幅图一样表意。这是umbrella的汉字——伞。一个遮盖物，一根横着和竖着的线，然后四个类似十字形的"人"在里面。这个小十字的意思是"人类"或者"一个人"。在中国，见到四个人一起走在一把伞下的情景一点也不奇怪。那条横线表示撑伞人的手。有时候一个文字需要一小段历史来解释它的意思。表达"want"是"要"，上面一个"西"字，下面一个表示女性的"女"字。这个字的意思并非是"西方的女人想要很多东西"。可能因为汉人最先从西边来，没有带女眷，所以他们最想要的是女人。当他们想表达"want"的时候，他们就用我"要"来表达。

我们在上海能做许多在内地无法做的事。偶尔会有优秀的戏剧公司到上海来表演，我们看过从伦敦来的表演团表演的《罗密欧与朱丽叶》。你甚至可以吃到冰淇淋。上海的基督教青年教会有一栋很好的大楼，有些外国教堂的装备，和沃拉沃拉最好的教堂里的一样好。这里有不错的图书馆和几个公园。每年这个时候，每周都有三到四次一流乐团的音乐会。这儿还有一个美国邮局，可以把你的包裹寄回去或者把美国的包裹寄过来，邮局的效率相当高，与美国的几无差别。

几周前，我与慕羲去了一趟绍兴——一个大约有45万常住居民的城市——探望一些在纽约认识的朋友。这次旅行中，我们第一次坐了中国的火车。当然了，这和家乡的火车没法比，但对中国来说确实是很好的东西。火车道是在两年前建成的，当时颇引起了轰动。众所周知，由于修铁路，一些祖坟必须迁移，同时还有谣传说每个车站的角落里都埋了一个活人以确保它的牢固性。我们也第一次坐了轿子和屋船。轿子只够一人躬身进入，然后坐在里面。苦力们一路小跑，每跑一步都伴随着喘息声。在这次旅行中，我拍了很多照片，我正把它们装入信封。它们将告诉你们，即便是古老的中国也有她自己的奇特和美丽。我已经见得太多，以至于不知该从何说起。

我参观了几次中国的寺庙。神像面目可怖，基本上是木制的，偶尔也有石头或者金属制成的。我听说过几次，因为有的神不做老百姓希望他做的事情，老百姓就把神像倒立起来。

我们夏天的计划是7月1日去莫干山（位于浙江省德清县境内），10月或11月回来，然后与上个秋天撤到上海来的华西传教士们一起去华西。到达四川的日子比我们的预期晚了一年。如果你们任何人给我们写信，我们都会十分开心，因为家书在这里是珍贵的东西，特别是来自1908年一起读书的惠特曼的同学们。来信转交：中国上海山脉路26号，R. D. 斯坦福德，信就可以到我们手里了。

请你们来看我们。

慕義和我祝大家安好！

你们的同学：葛维汉
1912年5月19日于上海

写给惠特曼的同学们的信(二)

亲爱的同学们:

万幸,在我们乘坐屋船从宜昌出发的前两天,收到了你们的来信。这封信晚来了三天,也有另一种可能,我们需要再等好几周才能收到。

我们在莫干山度过了一个十分愉快的夏天。莫干山高700多米,竹林繁茂。有时可以见到极其灿烂的日出和日落,整个天空都被染成红色和紫色。这里有许多来自美国、加拿大和欧洲的不同教派的传教士和商人。拥有不同信仰的男人和女人们相聚在一座美丽的联合教堂里。那里有四个网球场和一个游泳池,男人们偶尔也打打排球。我们前几日参加了一场波士顿四重奏乐男团的世界巡演音乐会,以及一个本地人才的音乐会。我们的一个朋友有一台手摇留声机,还有世界上最好的音乐家的精品选集——不用说,我们当然抓住机会去听音乐了。

离开莫干山,我们又去了绍兴,在那儿待了三个月。期间,小玛格丽特的到来使我们十分幸福。我觉得只有当一个人拥有了那个裹在褴褓里的小人儿,他才会明白这个小人儿是多么可爱甜美。玛格丽特有时候笑起来特别甜。与其他小孩一样,她也喜欢吮自己的拇指。

绍兴的特色之一就是冥钱。先用锤子把一小块铅锡合金打得特别薄,把薄片和纸揉贴在一起直到它们不能分开,再折成类似中国现在大部分地区用的银锭子或碎银子，然后用线穿起来。纸银锭用来在祖先坟前或者菩萨面前焚烧，人们认为这些纸钱到了鬼神的世界就会变成真银子，而拿到这些钱的神或者祖先就可以在他们的世界花费了。

1913年1月初，我们去了上海，30日启程去华西。所乘之船是日本的"幸福号"汽船。靠近海岸的地方地势低平，唯一让人记得的是偶尔飞过的鸭群和一个中国小偷偷了我的柯达相机。在汉口，我们换上了一艘小点儿的汽船，叫"大圈号"或"大美元号"，一直到宜昌。离开汉口的那天早晨，这艘船在浅滩搁浅了近三十个小时，直到后来同一公司的另一艘船将它拖进深水区。从宜昌出发后大约一天，我们到了一处水非常浅的地方，船夫们不断地在船的两侧探测水深——听中国小伙子对拥有这艘船的日本人喊话，十分滑稽："十皮特（feet，英尺，意指英文发音不标准）、十三皮特、十五皮特……"此时，中国的舵手失去了对船的控制，船径直驶向岸边。抛锚、反转发动机，调整行船方向，直到我们倾斜着撞向河岸。令我们震惊的是，从岸上看，船就像子弹划过硬物表面一样犁过淤泥，留下一道凹坑。

距离宜昌还有半天路程时，我们看到两岸的断崖上有很多洞穴，这些洞穴只能通过在岩石上凿出的小路到达。洞穴内布置得和家里一样，里面有几间房，有时候在外面入口处有很结实的门。人们告诉我们，中国许多地方都有类似的洞穴，有时候洞穴里有刻着类似印度文的石碑。汉人认为这些石碑属于他们到达之前生活在这里的当地人。距这些洞穴不远的悬崖上有一座寺庙，位于距水面300多米高的地方，或者更高一点的地方。与之相邻的是断崖的岩石上刻着的佛面。一条小路延伸到佛面的近处，足够一个高个子伸手把香插在佛面头顶，而矮个子可能就掉下悬崖了。以前宜昌人会来这里朝拜，人们伸手把香插在佛面头顶。人们如是解释：佛祖知晓人心，他允许好心的人活着，坏心的人就被推入深渊。

我们此刻已回到屋船，该船长约21米，宽约3.7米。船长和船员住在船尾。船中部有三间房，分别是我们的厨房、起居室和卧室，就如同家里一般。我们所有的东西都在这艘船和与我们同行的货船上，希望它们能够安然抵达我们的新家。我们教会的一个内科医生及其家人，以及另一个刚从爱达荷大学毕业的新传教士及其家人与我们同行。我们正商量再雇一艘船，载12名武装士兵与我们同行。因为这一路盗贼横行，有不少旅客遭过难。我们将在7周或8周后到达四川省的叙府，那里将是我们未来5年的家，也可能是我们永远的家，只要我们一直在中国工作。我已经提前了解了前方的行程，所有的描述都表明前方的风景必定是世界上最美的景色之一。

我们对工作地叙府感到十分满意。叙府位于有300万人居住的区域的中心，也是华西教会最大的一站。几个在那里宣教的传教士都是我们的好友。传教士们夏天在周边的山上避暑，上山仅需3个小时，主要的消遣方式是打网球（顺便提一下，我和我的搭档在莫干山网球比赛中获得了第5名。这个名次还不错，因为他只有16岁，而我以前没怎么打过网球）。我们有一所医院和两名内科医生。

在最近的汉语学习中，我学到了中国人关于"他睡觉打呼噜很大声"的表达，一共四个字，是"鼾""声""如""雷"。岂非太妙！还有一个表达的发音和"沃拉沃拉（Walla Walla）"十分相似，但它不是说水流而是指话多。我还听到了洪水故事的新版本。距叙府不远处有一座神山，名叫峨眉山，高3000多米。一位女神带领她的人类战士与掌管大地的将军打仗，获胜后把将军驱赶至峨眉山。将军十分恼怒，用头不断地撞一根竹子（将军以前肯定打过球）。这棵竹子很高，晃来晃去，把天空划出了几条大裂缝，洪水从这些裂缝中倾泻而下，所有人都被淹死了。女神将石头磨成粉，拌入黏合剂,将天上的裂缝补上,才保住了她和她的追随者。

你们谁想要环游世界,我认真地给你们提供一个旅行计划。你们穿过太平洋,到檀香山、日本,再到北京或者上海,然后逆长江而上到叙府,之后我可以陪你们顺流而下到缅甸。再然后你们可以去印度的阿萨姆,以及任何你们喜欢的欧洲城市。乘船逆流而上,你们能见到中国的另一面,那是游玩几个已经西化的沿海城市所不能见到的。我们肯定会让你们过得非常愉快。

我随信寄了一些照片、一种冥钱、一张门神图。最后一种是贴在门外的,可以保佑家里的人免遭鬼怪侵害。

给你们最热情的问候!

你们的同学:葛维汉
1913年2月23日于中国宜昌

另外:慕羲和玛格丽特也向你们问好。我们将在5年以后回国休假,我希望到时候能在毕业典礼上见到你们所有人。

这是玛格丽特人生中第一张照片,她那时刚出生16小时。或许我应该为这封信的内容表示歉意,因为你们绕了半个地球给我写信,我理应多写些内容进去,让我的部分生动有趣一点儿。

葛维汉

接龙信[1]（一）

亲爱的朋友们：

自上次收到接龙信后，我们这里又发生了许多事。我们在莫干山度过了夏天，华东很多传教士都选择在莫干山避暑。之后我们又在绍兴待了3个月，在这里，我们可爱的女儿玛格丽特·茱莉亚出生了。1月，我们先去了上海，待了几个星期后便开启了3000多公里的逆长江而上的旅途。

言语无法表达长江沿岸的壮美。那里有激流险滩；那里的寺庙或藏于天然洞穴，或立于千丈高崖；那里的佛像，或刻于巨石之上，或凿于断崖之表；那里有史前人类留下的洞穴；那里水边的石峰，高达千丈，直耸入云。有一断崖，上有一寺庙，寺庙附近的岩石表面刻有一佛面。到寺庙的路距佛面很近，高个子前倾身体便可以将香插在佛面头顶，但矮个子则可能因失去平衡而跌下悬崖，粉身碎骨。当地人告诉我，佛祖知晓人心，如果某人心地不好，佛祖便会把他推下悬崖。

当我们到达叙府时，当地人热情地迎接我们。依本地习俗，他

---

[1] 据葛维汉家人介绍，接龙信（round robin或circular letters），是一种多个朋友间的通信方式。此封接龙信是在葛维汉及朋友乔治、威尔和阿丽思四人间循环的。葛维汉写信给乔治，乔治阅读后加上自己的信一起寄给威尔，威尔再加上自己的信寄给阿丽思，最后阿丽思把连同自己的一共4封信寄回给葛维汉。这样接龙信就形成了一个循环。葛维汉读了自己的信之后，将自己的信替换成一封新的，再将4封信一起寄给乔治，开始一个新循环。每个人收到信后都要替换一封新的信进去。后两封接龙信又是不同朋友间的书信往来。

们到码头来接我们，放了很多鞭炮。到达传教处的院子时，又放了很多鞭炮。

有30万居民的叙府，是这个300万人居住区域的中心。其中200万人全靠我们这里的浸礼会传教士给他们讲授福音，而包括我这位新手在内，一共也只有两位福音布道者。假如给你们一个这样的教区，你们会如何做？

夏天，我们到距离城市不及一日路程的山里避暑。一天，我幸运地用5号枪杀了一头鹿，因为碰巧有几枪打中了鹿的耳朵，子弹穿进鹿头。除了几次夜贼的到访、几次小地震和一些语言测试，整个夏天倒还算安宁。

8月底，我们收到消息说一支军队正在靠近叙府，随后会有战争爆发。我们因为担心被关在城门外而不得回家，于是紧急下山，结果那是个假消息。此处160公里内有过打斗，不过幸好叙府没有被波及。

我们家到教堂有一段距离，因此，我们决定每个星期在我家为那些不能来教堂参加祈祷会的教堂成员举行一次祈祷会。第一次，当赞美诗的歌声飘出去后，邻居们都围了进来，很快就人满为患了。祈祷会无法继续进行，遂改为了宣教服务。从那次开始，人们的兴趣一直高涨。下一个星期天，我们将开设主日学校。唯一能让我们停办100人或150人的主日学校的原因是没有足够多的房间和凳子，所以木匠现在正在赶制圆凳和长凳。

星期天，我们为24个人举行了洗礼。其中一位老先生60岁，在花甲之年才相信菩萨不是真神，世上唯一的真神是耶稣基督。还有一位中国军队里的小军官，在雅州听我们另一位传教士宣讲过《福音书》。后来，他被调到四川省省府成都，在那里找到一位传教士做了进一步咨询。被调到叙府后，他参加了我们的慕道班并且申请受洗。他比我们班许多慕道友都熟悉《福音书》，而且他看上去似乎很真诚。还有一位是个哑巴。在忏悔时，他手指上方表示他的希望与上帝同在；手指交叉，表示他的赎罪是通过基督的十字架。他做了拜菩萨的动作，然后用手势告诉我，这些都是过去的事情了。这24个人中，有的曾经是佛教徒或道教徒，8人是女性，4人是从公立学校来的男孩。

我们现在最大的需求是建一座教堂。现在的教堂太小了，很多时候我们不得不因此拒绝别人，而且这也是我在中国见过的最破败的教堂。到目前为止，由于国内资金短缺，委员会也不会拨钱给我们进行这些必要的修缮。当地的基督徒和传教士已经开始掏挖他们干瘪的钱包了。

听到你们正在做着极好的工作，我很高兴。事实上，虽然我们在外国传教，但这并不意味着我们对国内的工作不再感兴趣，也不代表我们会忽视国内教堂所面临问题的重要性。

这封信今天就写到这里，明天我去邮寄。它将带给你们我们最诚挚的祝福。

你们诚挚的朋友：葛维汉
1913年10月28日于叙府

固定地址：华西，四川省，叙府

葛维汉写给惠特曼的同学们的信（三）

亲爱的同学们：

一年多以前，我们在宜昌收到了你们的来信。之后很快就出发，开始了为期6周的去往叙府的屋船之旅。

很难用言语描述长江峡谷的雄伟和壮美。有的地方，岩石临江耸立，直插入云，高逾千尺。有一座大约2000年前中国三国鼎立时筑起的堡垒；有寺庙、宝塔伫立于崖顶，下有急流险滩。其中一条急流由几年前的一次山体塌方引起，名叫新龙河。中国人说，一条龙在山里孵化、长大，为了得到自由，它不断扭动身躯，因此造成了山体滑坡。

最为有趣的景点之一是石宝寨。一块高约46米的巨石耸立，顶上有一佛寺，通过崖前11层木质小阁楼可到达。寺里岩壁刻一石碗，底有一洞。据说，以前这个洞里会冒出足够供养僧侣的大米到石碗里面，但是贪婪的僧侣们把这个洞凿大了，结果洞里便再不生米了。辛亥革命期间，当地人跑到寺庙，砸碎了佛像，后来也没有重修，任由碎片堆在地上。

到叙府时，我们受到热烈欢迎。中国人到码头接我们，还放了许多鞭炮。到达传教处的院子时，又放了更多的鞭炮。

夏天，我们在距离叙府3小时路程的金鸡山避暑。除了几次盗贼来访和小地震，整个夏天一切安好。我很幸运地猎杀了一头鹿。发现它时，我正在林子里打锦鸡和鸽子，枪里装的是鸟弹，子弹碰巧穿过鹿耳，打进鹿头。鹿肉十分美味。

从山上下来，我们发现时局不稳，每至黄昏，内外城门便会关闭。因为这个原因，许多住在我们家附近的教友无法参加教堂周四晚上的祈祷会，所以我们决定在我家的门房为他们举行祈祷会。当我们开始弹奏手风琴时，很多非基督徒的邻居挤进来看，门房很快被挤满了。这激励我们创办一个主日学校，同时做一次周四下午的宣教服务。主日学校开始的第一天，来了59人，最多的时候有172人，很少有少于140人的时候。主日学校共有5个班。

1月，我们去嘉定参加年会，我的任务之一是进行年会布道。去嘉定的路上，有一处景致被称为"丝带柜台"。一处高约60米的砂岩绝壁，因雨水常年冲刷，崖壁的一面呈彩色，看上去就如同摆满彩色丝带的柜台。嘉定附近有很多"蛮子"洞穴，是汉人来此之前当地人居住的地方。我参观了很多洞穴并幸运地捡到一个小小的没有脑袋的菩萨以及另一个大一点儿的菩萨头部。临近嘉定，江边有一大佛，高约71米，以及一座有500尊罗汉的寺庙①。

我们最近刚结束一个为期3周的慕道班。你们可以看到，在实际工作中，我至少要进行18场谈话。最后三天是和被誉为中国最好的福音传道者的丁立美一起进行的。这次会议后，5个人被吸纳进教堂，约80人表达了想了解基督教的愿望。

丁立美在中国的角色与约翰·瑞利·马特②在美国的角色相当。他从不做不必要的煽情，从不大声呼喊，但他对中国人有巨大的影响力。他的儒雅总令人印象深刻。

刚在芝加哥大学获得博士学位的拉德医生很快就要来叙府了。他将会接手城里的工作。叙府城里有30万居民、3所高中和大量受过教育的人，故而会得到任何一个有能力的传教士的青睐。我可能

---
① 此寺庙应为乐山乌尤寺。
② 约翰·瑞利·马特为美国著名的传教士，1946年获诺贝尔和平奖。

会负责城市外围区域的工作，外围大约有270万人口，有些小县城有四五万人口，那里有小教堂和学校需要监督，还需要设立其他机构。你们可以判断，有大量工作需要我去做。

昨天，玛格丽特第一次自己走路了。她是一个可爱的小姑娘。我们刚出生的儿子也长得很快，已经学会笑了。

也是昨天，我看到有人在街上售卖一只烤好的肥狗，这能激起你们的食欲吗？

昨天我还见到了一场大型葬礼，浩浩荡荡的送葬队伍至少有1.6公里长，人数超过1000。询问后我才知道，这个家庭并不富裕，但有很多朋友。当有人去世时，这家人的朋友们都会来送礼钱。主人给他们每人一条白布，送葬时缠在头上。这些人都会被邀请参加丧葬酒席。

我在信里放了一些照片，这样你们就能看到我们见到的中国人的生活场景了。

最诚挚的祝福送给你们。

你们的同学：葛维汉
1914年4月12日于叙府

请不要再为我们收集邮票了，我们很高兴能把邮票用在如此有意义的事情上。很抱歉，我正在装的这些照片，有的打印效果不是特别好，因为在新的纸从上海运来之前，我没有更好的纸了。

接龙信（二）

亲爱的朋友们：

这次的接龙信环游一圈到我手头时，差两三天就正好一年。信寄到约一周后，我才拿到手，因为当时我人并不在这儿，而且每次回家，都像打仗一样争分夺秒。给你们举例说明一下我都是怎么做事的：昨天下午5点，我被邀请6点半在葬礼上做一场布道。在这一个半小时内，我必须换衣服、吃晚餐、见教堂财务总管、为布道做准备，然后再步行1.6公里。

我们的儿子出生在情人节那天，是一个扯爸爸鼻子和头发的能手。玛格丽特已经两岁了，常常咿咿呀呀地说着英语或汉语。

夏普，祝贺你！一个人只有亲身经历过，才会理解，不是吗？

我还想祝贺你们每一个人，因为你们为攻读硕士所做的细致工作。你们的成功令人振奋。

布罗姆利关于那个病人的故事太真实了。我也有一件趣事，在这个地方，中国人总希望所有的传教士都是乐善好施的撒玛利亚人。我去分站布道时总是带着个小药箱，它经常会被用到。上一次出门，我就救了两个被狗严重咬伤的小男孩。

夏天某日，在叙府几公里外的一个小镇上，我正穿街而过时，看到街道中间躺着一个人，身上盖着一片草席，只有眼睛和脚趾露在外面，路上还有血迹。经过一番调查，我才知道这个男人在头天晚上自杀了。他划开自己的气管，这样就无法用口鼻呼吸，却没割到动脉。在我的建议下，他被送到叙府医院缝合伤口，不到三周，便康复回家了。当时他的命也只有外科医生的针能够救了。

我已经完成了第十五部分的汉语学习。听说还没有哪一个华西浸礼会的传教士学到这一部分之后，希望我会是那一个。剩下的课程全是中国经典著作了。

拉德博士近期从芝加哥大学获得博士学位回来了，虽然他在工作上给予了我们一些帮助，但他拒绝永久性地做福音传教的工作。他的理由听起来很有道理，但这样一来我就成了负责这个拥有300万居民的地区的唯一的外国福音传教士。事实上，我一直在负责分站的传教工作。宁远府和雅州各有一位老福音传教士和我的一个福音班。两个传教分站中，雅州的要大一点儿，负责50余万人。

除了不好的一面，这里也有很多好事在鼓舞着我们。我们发现很多本地的基督徒都十分虔诚且充满活力。去年春天，在我们的慕道班下课后，一些从分站来的基督徒和慕道友回家后把我们所讲的内容复述给那些未能到叙府的慕道友听。沿着岷江而上，大约一天的路程，便可到达一处拥有3000居民的小镇。去年春天布道后，有大约10人希望学习基督教并催促我们在那里建一个小教堂。我们拒绝了，并告诉他们现在的分站已经够我们管的了。但他们没有放弃。其中有个人是船长，他抓住一切机会在叙府和其他地方聆听福音。他们募集了三万现金来建造小教堂，还告诉我下个月将会有10个人来参加我们的慕道班。

我们正计划下学期在分站再建两所走读学校。这是一件要紧的事，特别是假如我们想要在高中和大学招到我们需要的学生。建学校还有一点儿好处，即可以让小学生们从小开始接触基督教教义，因为我们所有的教会学校都会教授基督教教义。我们还发现，这是最有效的一种传教方式。

通过短短几段文字，我把过去一年发生的事情进行了简单概括,一个人写这么多已经足够了。或许我应该再提一下此事,我正利用空闲时间上芝加哥大学的一门阅读课,在即将到来的三年多一点儿的假期里,希望我绝大部分时间都能待在那里。

请接受葛维汉全家的祝福,也请为我们和我们的工作祈祷吧。

你们真挚的朋友:葛维汉

1914年10月30日于叙府

接龙信（三）

亲爱的朋友们：

距离我们发出上一封接龙信已有五月。上封信里，我们描述了第一次去叙府传教分站的情形。

在夏季最热的时候到来之前，我和唐茂森医生又出了趟门。这次，我们乘轿子沿岷江而上到箭板，然后通过陆地到长江，再乘船返回叙府。

箭板，虽然有一个很老的分站，但却是一个很小的城镇。不过我们仍然有6个教友及几位慕道友，而且在这个镇上，已经有一位年轻人在成都学习成为一名牧师。我们在那里待了两天，早晚宣教并发放宣传册。生着各种病的人都跑到小教堂来等唐茂森医生给他们治病。

从箭板到长江的旅程令我永生难忘。两天以来，我们一直沿着一条小河前进，山越来越高，越来越陡，遇到的人和他们的房屋也越来越"乡村化"。陡峭的山坡上，农民在任何可以种植的地方耕种，一起劳作时唱着原始的歌谣。走了8公里到山顶，又得走8公里从山的另一面下山，还不能坐轿子，因为山地陡峭难行。这反而颇合我意，因为从箭板开始，我就感觉有些不适。我们终于走出了山区，最终到达长江边的金江镇。

金江镇地处云南省，是我们唯一不在四川的分站。这个分站是另一个传教处最近转交给我们的，因为它离我们的几个传教分站很近，而从云南那边很难到达这里。分站有一处不错的房产，以及一些基督徒和慕道友。在某些方面，金江镇算得上我们现有分站里发展得最好的了。

在金江镇待了两天后，我们顺流而下到了福荫溪（Fuh len Ch'i），在那里我们探望了一位老教友和一些年老的慕道友。之后我们去了安边，途经一地，那里有许多猴子，又经过几处急流。

在安边，我们遇到了旅途中最大的惊喜。我们发现这个距离叙府只有一天路程的小城镇居然有8位教友。此地已经五六年没有人来做传教工作了，原因很可能是叙府两个传教士的去世和另外两名身强体壮的传教士的调离。

我们在叙府山上的一座舒适的平房里享受夏天，但这并不意味着我们无事可做。只有一周的时间可以完全放松，剩余的其他大部分时间都花在语言学习上了。

这个夏天的一天，我在去叙府的路上路过南广村。一个人躺在街上，身上盖了一张薄的草席。他躺在血泊里。有人告诉我说他头一晚自杀了。他用刀在自己的气管上划了个口子，但没伤到动脉。在我的建议下，他被立即送去叙府医院，不到三周便康复出院。

这个秋天，我们已经做了两次分站巡查，除此之外，我们打算创建两到三所小学。如果我们想确保我们高中和大学的男生生源，这个做法非常有必要。

目前我们正在筹备"《圣经》学习会议"，11月19日开始，将持续三周。我们期望有众多的基督徒和慕道友能来参加。拉德博士、唐先生和我将竭尽所能地做有关宗教议题最全面的讲解。唐茂森医生将教授卫生学，这正是中国十分需要的。你们难道不会为我们祈祷吗？为会议能够多转化一些非基督徒，为教会成员在基督教服务事业上能取得发展。

你们真挚的朋友：葛维汉

1914年11月2日 于叙府

给美国外国浸礼会传教士的信（一）

亲爱的朋友们：

我最近十分繁忙，给"你们所有人"写信的打算一直难以实现。

有一位毕业于华西协合大学神学院的施洗者在成都浸礼会教堂担任助理牧师。我在神学院开了两门课，一门是原始宗教；另一门是比较宗教学，或称世界几大宗教研究。在神学院，我们目前有两名男性施洗者和两名女学生，他们都是很好的基督徒。

中华基督教会研究过川西的羌人、嘉绒藏人、倮倮和苗人。他们叫我对羌人的宗教做了一次深入研究，相关文章之后会用中文发表，也有可能用英文发表。去年夏天，我在羌人中间待了五周，研究他们的宗教和宗教实践，并给他们的一个仪式拍了部影片。

今年，我与另一名同仁一起担任《华西边疆研究学会杂志》的编辑。我们最近出版了第14卷，其中收录了一篇我初探羌民习俗和宗教的文章。顺便一提，《亚洲》1942年1月刊载了一篇我写的关于中国汉代墓葬的文章。我关于川苗的词汇、习俗、仪式以及一些传说的文章几年前就已印刷出版。一位中国人获得了一个为期两年的研究员职位，将我的作品翻译成汉语，同时对川苗进行更为深入的研究。

其他职责：我是成都盲聋学校的财务主管，学校一共有30名学生，不久后将增加到50人；联合慈善学会孤儿院的执行委员会秘书；也是帮助美国红十字会分发大量蓝棉被给有需要的成都学生的成都委员会的一员。在许多其他的委员会，我也有任职。

作为成都浸礼会教堂的外国牧师，我的工作日益增多。我教授英语《圣经》课程，在教堂里还有各项职责。教堂正在筹备一个大项目，不久后你们就会听说了。

物价继续飞涨，现在的物价已是1937年平均价格的45倍。贫困随处可见，但物价仍在往上涨。我在想我们的最终结果会怎样？

我们面临很多困难，但也有很多机会。记得为我们祈祷。

你们真挚的朋友：葛维汉
1942年9月21日于华西成都

爱博哈德写给葛维汉的信

亲爱的葛维汉先生：

很高兴你终于收到了你书稿的校样。当我按我承诺的那样为你的书做一个索引时，也在期望着你的单页校样，请你准备好了就立刻寄给我。我唯一的兴趣是能看到你的书尽可能以最好的方式出版，并为其他学者所用。如果我能得到几本赠书，以送给对这个领域感兴趣的朋友，我将不胜感激。

爱博哈德　谨启

世界上最权威的民俗学家之一，也可能是研究东亚民俗学最权威的人士。

1953年10月5日

另：我自己对这本即将出版的书（《川苗的歌谣和故事》）的评价是，它是我以前写的和出版的书无法相比的好书。

给美国外国浸礼会传教士的信（二）
（节选）

亲爱的朋友们：

被称为"人类历史上最大规模的迁徙"始于1937年，至少六百万中国人为了躲避日本人的压迫和剥削而向西部迁徙——有的人走了几十公里，有的走了几百公里，也有走了一千或三千公里的。许多人从开始迁徙后，就再也没见到自己的家乡了。

这次大规模的迁徙现在开始反转。商行、个人、科学机构、中学和大学都在开始回迁东部。这次迁徙正在进行中，差不多要两年时间才能完成。这次回迁的一个结果是，许多中国最厉害的宗教干部将会离开华西，教堂和其他机构必须在没有他们的情况下继续运行。一些教堂会众活动将有可能停止，并且经济支持也会有一定比例的下降。我听说，过去两年里，在一个乡村的小教堂，有将近25位积极的基督徒，也是很好的领头人，但后来除了两三个本地非干部的基督徒外，其他人全都走了。

物价仍然以从未有过的速度增长。四川的物价水平已经是去年的3倍，1937年的2300倍。这引起了十分严重的金融问题。中国牧师和福音传教士艰难地处理着他们的经济问题。有些人相信或者希望物价已经涨到了它的极限……

你们真挚的朋友：葛维汉
1945年12月8日 于华西成都

美国外国浸礼会纪念葛维汉的信[①]

亲爱的爱德森夫人：

　　尊敬的罗伯特·F.史密斯牧师给了我们你的地址，所以我们才能就你父亲的事情写信给你。我们是在执行委员会会议上听到葛维汉博士去世的消息，特请E.E.道森博士代表委员会前来参加葬礼。

　　委员会就葛维汉博士的人生经历和作品做了纪念性的生平总结决议，随信附上复印件一份，若家中其他人有需要此复印件的，也没问题。

　　我与你父亲相识多年，素来尊重他的能力，钦佩他的品格。希望想到他对伟大天国做出的贡献，能让你们稍感慰藉。

杜威·F.德催特　谨启

1961年9月29日

[①] 爱德森夫人，即葛维汉的第四个女儿桃乐西。

美国外国浸礼会传教差会、美国浸礼会女公会关于牧师葛维汉博士纪念性生平总结的决议

1911年至1948年间,葛维汉、葛慕义夫妇在华西传教处做了杰出的服务工作。除作为传教士分内的福音传教及教育工作,葛维汉博士利用回国度假和在外旅行的时间将自己的爱好转变为科学界的学术成果。1961年9月15日,葛维汉博士在丹佛去世。慕义女士先于葛维汉博士,于1955年3月23日去世。葛维汉博士于1884年3月21日出生于阿肯色州的格林弗里斯特。

1911年到1930年,葛维汉博士在叙府中心教堂及其14个传教分站进行福音传教和教育工作。军阀混战期间,他与其他传教士一起做过红十字会的工作。他组织了第一个球队、一个青年协会,来调剂社会服务工作;他组织过关于卫生学、道德问题以及类似的具有建设性题目的讲座。在他独自服务的第二任期内,教堂成员从125位增加到近千位。第三次服务期间,非基督教运动使得葛维汉博士谨慎地将慕义和孩子们留在美国。通过缅甸公路,葛维汉博士勇敢地带着物资和行李独自回到中国成为叙府唯一的传教士,组织教堂和街区的工作直到有其他人来接手。他是第一个返回中国的新教传教士。

1932年至1941年,葛维汉夫妇在四川省会成都服务,并且在一个提供了很多机会的学习中心——华西协合大学工作。葛维汉博士成为成都浸礼会教堂的联合牧师,担任华西协合大学博物馆馆

长十年之久，同时在协合神学院和大学教课，之后负责管理男生（浸礼会教友）万德门住宿楼三年。他担任中国盲人福利协会和中国儿童基金股份有限公司的财务总管。除了担任华西边疆研究学会的会长和秘书，他还担任了几年《华西边疆研究学会杂志》的编辑。他发表了很多关于中国考古（做过六次科学考古）、中国陶器和瓷器的文章。他对华西的族群充满好奇，书写了大量关于川苗、羌民和倮倮的文章。1919年到1939年间，他是华盛顿史密森尼学会的官方博物学标本搜集人。他搜集了超过40万件标本，覆盖鸟类、大熊猫、熊和其他哺乳动物、鱼类、蛇类和昆虫类。他搜集的物种中被断定有约250种是新物种，其中29种以他的名字命名。他送给纽约布朗克斯动物园的两只大熊猫几乎引起了全国的关注。

葛夫人也以极大的兴趣加入葛维汉博士的事业中来，有时候他的书里有慕义女士水彩旁批。葛氏夫妇总是为追求精神和心灵升华的个人和团体敞开大门，这是那些谦逊的学术朋友们乐于分享的。1914年葛维汉的儿子在中国死于襁褓之中。因为葛夫人的健康问题，他们于1948年返回美国并定居于科罗拉多州的丹佛，之后皈依于当地的浸礼会教堂。

葛维汉博士获得地处华盛顿州沃拉沃拉惠特曼学院的荣誉科学博士学位，芝加哥大学的神学硕士学位及哲学博士学位。他于1916年在罗切斯特神学院获得神学学士学位，并获得科尔盖特大学的神学博士学位。1929年他成为英国皇家地理学会会员。一位谦逊的人，在丹佛期间，他为各个群体演讲，从大学到小教堂，无论有无报酬。他将自己1700页的手稿无偿捐给史密森尼学会，用来编写科学著作。20世纪50年代的丹佛有超过60万东方人居住，葛氏夫妇在教堂负责服务这些朋友。

非常遗憾，这位拥有诸多著作的上帝的使者却没有为自己写一本自传。在思想和行动界少有经历如此丰富之人，他的人生博得广大社会人士的关注。

兹决议：这份对一个杰出的传教士葛维汉的简略颂辞即刻起执行传播并同时传送给他的家人。

1961年9月18日

附录三

《川苗的歌谣和故事》出版发行

史密森尼学会，1954年5月11日，星期二，早晨，华盛顿。

华西的川苗认为日子和年份是有生命的事物。几乎天地万物都是有生命的，包括岩石、河流、山峦、寺庙和家屋。

史密森尼学会刚出版发行了葛维汉博士——学会生物学方面的合作者——的一部关于川苗的故事、歌谣、民间传说集。川苗大约有15万人，与花苗、倮倮杂居。葛维汉曾是传教士，花了数年时间与川苗接触，学习他们的宗教、语言、习俗，以及社会组织形式。

葛维汉博士说，第一次接触时，川苗似乎对所有的陌生人都很怀疑，也没有宗教迹象。只有在长时间交往后，才有可能洞见他们神奇的精神世界。"他们认为万物都是活的且富有感情，"他说，"太阳、月亮、星辰、山峦、河流、岩石、树木、雷电、回声、彩虹……床铺、婚姻、刀剑、丰收、年……甚至连仪式上的鼓声都被认为是活的。"

他说：

"'年'是一种和人一样有脑袋的活物。山峦拥有头、脚、手、眼睛、耳朵、心脏、胸脯、血管和脉搏。一片草地可能是男性，也可能是女性，有口、心、血管、脉搏和肌肉。太阳和月亮有自己的父母。岩石和石头也分男女，它们成长、生育并且能说话。雷电也是一种有生命的事物，样子和大小类似于一只公鸡。它虽然很小，却很有力量，它的鸣叫就是雷声。它有一把火刀，当它挥动

葛维汉夫妇（摄于1954年）

时,就产生了闪电。

"对于川苗而言,说万事万物,甚至包括那些无生命的物体是活的、有生命的,是一件再自然不过的事情,但要说那些无生命的物体有灵魂就难以让他们接受,虽然有生命即意味着活的、有智力、有眼睛。"

他们的观念一定程度上受到相邻的汉人的影响,特别是在祖先崇拜方面。尽管如此,川苗也有自己关于超自然世界的概念。

葛维汉博士叙述,在天的顶部是"古代的平坝之地",死去之人的灵魂与祖先住在那里。那里没有山需要爬,没有病痛,也没有死亡。阳光日日普照,人们不用耕作,只在森林里采集水果和浆果,和世界上古代的每一处森林一样。在每年的纪念日或节庆日,活着的后人给生活在平坝之地的神灵供奉食品、衣物、钱和酒。人们相信,以前天地之间有一把梯子联系着,但是他们说近些年,这个梯子断掉了。

"地下,"葛维汉博士说,"是另一个世界。那里生活着60多厘米高的小矮人。他们的生活和住在地上之人的差不多,有房子、农田、皇帝、军队和政府。一个苗人曾经通过山洞到过地下世界,他在下面待了很久,以至于地上的人都忘记他了。还有一次,一个苗人从皇宫的一个地洞掉入地下,两三年后,适逢大旱,土地龟裂,他才从裂缝中爬出来。"

"有的故事讲述一块被阎王统治且住着鬼的黑暗之地。鬼是人、鸟、爬行动物或无生命之物的魂魄。如果一个已故之人没有子嗣或者他的子嗣不孝顺不给他供奉以满足他的需要,他便会变成鬼来害人。有一种被称作格朗大洛(glang da lo)的魔鬼,体形巨大,能从一座山头跨步到另一座山头,从地面跨到天空。他手指头微微一动,产生的空气震动就能杀死一个人。"

川苗信奉一位叫叶苏(Ye Seo)的神。他很善良、慈祥、公正并且乐于助人,特别是那些陷入麻烦的穷人。人们常常能在云朵里看见他,他能够随意让自己显隐。葛维汉博士指出,在中国广东省,川苗以前的居住地,基督"耶稣"的发音和叶苏相同。他问道,华西山里也是同样的名字,是否表示苗人在很早以前就与基督教有所接触呢?然而,他没能在两者之间找到任何确定的联系。

某些种类的树有时候被当作神崇拜。通常是在山坡或深山里冬天不掉树叶的老树。川苗还有种奇怪的习俗——祭门神。这个仪式需要精心准备,过程中还要杀一头猪。他们认为癞蛤蟆拥有可以引起冰雹的奇特能力。当下冰雹时,人们便鸣枪吓唬癞蛤蟆。在一个湖底的水晶宫里还住着一位龙王。

他们还认为老虎、狐狸、蛇、香蕉树、藤蔓、老鼠、青蛙、牛和黄鳝都可以变成人,人也可以变成它们。有时候动物化为人形去帮助人类,但多数时候他们都会伤害人类。要是谁被他们伤害了,只有在巫师的帮助下才能免于死去。